Patrizia de Bari

Giuseppe Toniolo, sociologo cristiano

Patrizia de Bari

Giuseppe Toniolo, sociologo cristiano

Il valore sociale della religione come spunto di riflessione per l’oggi

Edizioni Sant'Antonio

Cover image: Fornito dall'autore

Publisher:
Edizioni Accademiche Italiane
is a trademark of
Dodo Books Indian Ocean Ltd., member of the OmniScriptum S.R.L Publishing group
str. A.Russo 15, of. 61, Chisinau-2068, Republic of Moldova Europe
Printed at: see last page
ISBN: 978-613-8-39399-3

Indice

Abbreviazioni e Sigle

ASS *Acta Sanctae Sedis.* Atti della Santa Sede (in latino). 1865 – 1908.

DH *Dignitatis humanae,* Concilio Ecumenico Vaticano II, dichiarazione su "La libertà religiosa", 7 dicembre 1965.

EV1 *Enchiridion Vaticanum,* documenti ufficiali della Santa Sede, 1997, vol. 1.

GS *Gaudium et Spes,* Concilio Ecumenico Vaticano II, costituzione pastorale su "La Chiesa nel mondo contemporaneo", 7 dicembre 1965.

LG *Lumen Gentium,* Concilio Ecumenico Vaticano II, Costituzione dogmatica sulla Chiesa, 21 novembre 1964.

Introduzione

Questo lavoro su *Giuseppe Toniolo, sociologo cristiano* ha origine dall'interesse suscitato durante il corso di *Sociologia della Religione* in particolare verso il pensiero dei sociologi cattolici Giuseppe Toniolo, Silvano Burgalassi e Franco Garelli che segnano tappe importanti da fine Ottocento ai fatti contemporanei. Dopo le prime ipotesi sulla ricerca, d'intesa col docente, si è deciso di focalizzare lo studio sulla figura di Giuseppe Toniolo in quanto *sociologo cristiano* assumendo la definizione che di lui dà Silvano Burgalassi[1].

Nasce così questa ricerca che, incentrata su Toniolo, vede la sua *sociologia religiosa/della religione*[2] da *sociologo cristiano*

Il lavoro è strutturato in tre capitoli. Alle *considerazioni conclusive* segue l'*Appendice Documentaria.*

La tesi entra subito nel merito presentando il laico cattolico Giuseppe Toniolo in relazione ai suoi tempi . Quella del Toniolo fu una vita intesa e vissuta come vocazione. È quanto emerge attraverso i tratti salienti della vita del laico trevigiano. Di lui si approfondiscono, quindi, l'opera e l'impegno come docente universitario; la partecipazione attiva e operosa nell'*Opera dei Congressi;* la particolare dedizione e attenzione scientifica al settore degli *Studi sociali.* Il capitolo si chiude con un breve riferimento alla sua beatificazione avvenuta ad aprile 2012. (Capitolo 1).

---

1 Cfr. S. BURGALASSI, *Passato e Futuro. Religiosità italiana e analisi sociologica*, Ets, Pisa 1992. Il Capitolo secondo della terza parte del volume ha il titolo "Giuseppe Toniolo, sociologo cristiano". (*Ivi*, p. 173-199).

2 Se la religione è un fenomeno presente in tutte le società, è lecito domandarsi quale tipo di funzione essa eserciti al loro interno, se vi siano, tra i tanti modi di manifestarsi della religiosità, alcuni più adatti di altri alla conservazione delle società e più funzionali alle nuove condizioni socio-economiche. È inoltre lecito domandarsi a quale aspetto della religione ci si riferisce quando la si osserva da un punto di vista sociologico (se ai suoi aspetti interni relativi al modificarsi della pratica religiosa, all'attrattiva vocazionale ecc. oppure alla sua funzionalità come facilitatore dell'integrazione sociale, la sua incidenza sul sistema politico/economico ed altro). E cosa si intende esattamente per religione? In cosa si differenzia una religione dalla religiosità di un individuo o di un popolo? È evidente che qui si apre un campo d'indagine troppo vasto e ricco di implicazioni per poter essere affrontato in maniera esaustiva.

Il secondo capitolo, dedicato a Toniolo *sociologo cristiano,* è la parte centrale del lavoro. L'attenzione a Toniolo è preceduta da alcune sulla religione tra percezione e istituzionalizzazione con un particolare approfondimento alle questioni sorte all'inizio della storia della sociologia con l'approccio positivistico che "demoliva" il teologico e il metafisico. Attraverso tale sintetico excursus viene delineata la situazione in cui si trovò il Toniolo ai suoi tempi[3]..

Passando quindi al Toniolo lo si definisce brevemente cantore "poetico" della sociologia per poi passare al suo impegno di studio come *sociologo cristiano.* Su tale definizione ci si sofferma poi sul parere e gli studi di Silvano Burgalassi, studioso più accreditato dell'evoluzione del fenomeno religioso sotto i suoi più disparati aspetti, tanto da essere considerato uno dei fondatori della sociologia della religione in Italia fin dagli anni Cinquanta del secolo scorso. (Capitolo 2).

L'ultimo capitolo è dedicato a Toniolo docente e agli aspetti pedagogici del suo insegnamento, tra missione e bene morale. Ci si sofferma quindi sul suo rapporto con gli studenti fino all'idea di una Università Cattolica. Il capitolo si chiude con una riflessione sulla la sua eredità. (Capitolo 3)

Dopo le riflessioni conclusive sull'attualità del pensiero di Giuseppe Toniolo, in *Appendice Documentaria* si riporta un interessante documento pubblicato da Burgalassi[4]: gli appunti della prima lezione tenuta nel 1909 da Toniolo nel corso di sociologia.

---

[3] A tale necessaria collocazione storica e logica della disciplina si aggiunga che in Italia il primo impulso all'approfondimento della funzione sociale della religione (cattolica) fu dato dall'accendersi della *Questione romana* dopo l'Unità d'Italia. Infatti, finita l'epoca del potere temporale della Chiesa con la confisca, da parte dello Stato, dei territori dello Stato Pontificio e con il *non expedit* di Pio IX, si venne a creare un distacco tra la vita civile italiana e religione. È in questo contesto che visse ed operò Giuseppe Toniolo, professore di economia all'Università di Pisa e cattolico socialmente impegnato; araldo della *Rerum Novarum* di Papa Leone XIII e promotore dell'impegno sociale dei cattolici. Successivamente la funzione sociale della religione divenne sempre più centrale negli studi di sociologi e ricercatori. Su piano storico vanno anche tenuti in conto la successiva apertura all'impegno politico dei cattolici in Italia, la nascita della Lega Democratica Nazionale di Murri, il Partito Popolare Italiano di don Sturzo, fino alla fondazione del partito della Democrazia Cristiana di De Gasperi.

[4] Cfr. S. BURGALASSI, *Passato e Futuro. Religiosità italiana e analisi sociologica*, cit., p. 200-205.

È stato un lavoro di ricerca che mi ha appassionata. Approfondendo lo studio del personaggio Giuseppe Toniolo, emergevano nuovi spunti di ricerca e nuove domande suscitate dalla poliedricità del suo pensiero e dai tratti di un uomo così sensibilmente attento alle più svariate problematiche del suo tempo.

Una delle difficoltà incontrate durante la fase di ricerca è stata la difficile reperibilità degli scritti del Toniolo, a fronte di una considerevole e corposa letteratura di autori che hanno parlato della sua figura. Tale difficoltà è stata già denunciata nel 2009 nelle pagine de *L'Osservatore Romano* dall'autorevole voce del prof. Romano Molesti[5], della Fondazione studi tonioliani. Una tale situazione si deve, con ogni probabilità, a quella che il Pecorari chiama la *damnatio memoriae* di cui l'opera del Toniolo sarebbe stata vittima e che ha avvolto per lungo tempo le opere del Toniolo sotto un manto di oblio perché percepite come un potenziale intralcio alle idee liberali e positiviste del suo tempo e molte volte riemergenti nella società odierna e che ha fatto sì che le opere di Giuseppe Toniolo fossero poco divulgate e difficilmente reperibili.

Tuttavia questo non ha impedito di formulare, in questa sede, concetti abbastanza esaurienti per rispondere agli obiettivi dell'indagine. Gli ostacoli incontrati nella ricerca mi hanno consentito di distinguere, nella comparazione tra i vari autori, gli elementi principali da quelli secondari, anche sotto la guida del docente che mi ha diretta e che ringrazio.

---

[5] Cfr. S. GUIDI, *Non è un buon economista chi è solo un economista*, in "*L'Osservatore Romano*", n. 274, 26 novembre 2009, p. 4.

Capitolo 1

Il laico cattolico Giuseppe Toniolo e i suoi tempi

1. Giuseppe Toniolo. Una vita come vocazione

Giuseppe Toniolo, economista e sociologo di origini trevigiane, fu una persona dalla ricchissima esperienza umana e cristiana ed è indubbiamente uno degli uomini che hanno fatto la storia del pensiero sociale cristiano nel periodo a cavallo tra XIX e XX secolo.

"Giuseppe Toniolo – è ben noto – fu grande statura di credente prima ancora di essere uomo di scienza e promotore di opere sociali. Un credente che sulla fede incardinò la vita"[6]. Questa affermazione di Domenico Sorrentino[7], arcivescovo di Assisi, introduce bene la figura del Toniolo, di cui è studioso, stigmatizzandone l'immagine. È un'affermazione che lascia intuire le difficoltà che si possano incontrare nel cercare di delineare pienamente la figura di Giuseppe Toniolo, se si omettesse di considerare - come *fil rouge* che ne percorre tutta l'esistenza- il profondo senso religioso che caratterizzò quest'uomo, grande figura di laico, mosso da profonda fede cristiana che seppe riversare in ogni aspetto della sua vita, nella famiglia, nell'università, nell'impegno politico, sociale ed ecclesiale, nella ricerca culturale in genere. Giuseppe Toniolo durante tutta la sua vita coniugò la serietà dell'impegno scientifico con un'intensa sensibilità religiosa e sociale.

Sorrentino poi continua dando un prezioso suggerimento circa il modo di approcciarsi allo studio di questo autore: "Toniolo è un personaggio complesso, e

---

[6] D. SORRENTINO, *Prefazione*, in R. MOLESTI (Ed), "Giuseppe Toniolo, il pensiero e l'opera", Franco Angeli, Milano 2005, p. 8.

[7] Mons. Domenico Sorrentino, arcivescovo di Assisi – Nocera Umbra – Gualdo Tadino, è stato presidente del Comitato nazionale per la canonizzazione del grande economista e sociologo cattolico trevigiano, già postulatore della causa di beatificazione del Toniolo. È noto per l'appassionata dedizione allo studio e alla divulgazione del pensiero del Toniolo, anche attraverso importanti saggi, biografie e interventi.

la sua poliedricità consiglia una 'interdisciplinarietà' di approccio (storia, economia, sociologia,teologia), indispensabile per la comprensione dell'uomo"[8].

Dunque, il pensiero sociale cristiano, che trova in Toniolo una figura di spicco, non può essere compreso appieno senza comprendere "l'uomo" Giuseppe Toniolo, che non può essere estrapolato dai fatti, dall'epoca storica e dagli ambienti in cui visse - che fu un'epoca di profondi cambiamenti per il nostro Paese - né dai suoi particolari interessi intellettuali di ricerca e ancor meno dalla teologia in cui si svilupparono il suo pensiero e la sua sensibilità umana.

Toniolo, uomo impegnato e impegnativo da affrontare, dunque. Le parole di Sorrentino chiariscono il motivo per cui è parso subito decisamente complesso introdurre la sua figura, con l'intento di far emergere la peculiarità della sua personalità attraverso una mera esposizione del suo operato e presentando la sua identità attraverso una sequenza cronologica dei fatti salienti della sua vita. La difficoltà deriva dalla oggettiva impossibilità di scindere, nell'uomo Giuseppe Toniolo, gli impegni di vita dagli ideali umani, scaturiti dalla vocazione laica del credente alla santità[9].

---

[8] D. SORRENTINO, *Prefazione,* in R. MOLESTI (Ed), "Giuseppe Toniolo, il pensiero e l'opera", cit., p. 9.

[9] Il 1° maggio 1888 Toniolo scrive: «Rammenterò quanto mi disse oggi il mio confessore: devi oggi promettere di farti santo - ciò che è facile cosa, tutta consistendo nel far la volontà di Dio!» (G. TONIOLO, *Note spirituali*, in *Scritti spirituali*, vol. I, p. 36, citato in E. PREZIOSI, *Giuseppe Toniolo. Alle origini dell'impegno sociale e politico dei cattolici*, Paoline, Milano 2012, p. 58).

2. Il trevigiano Giuseppe Toniolo. Tratti salienti della vita

Giuseppe Toniolo nacque il 7 marzo 1845 a Treviso, città che, alla sua nascita e già dal 1814, apparteneva al Regno Lombardo-Veneto e che solo a seguito della terza guerra d'indipendenza (1866) entrerà a far parte della neo-nata Italia unita. A tal proposito Ernesto Preziosi, autore di un volume sull'impegno sociale e politico di Toniolo, scrive:

> "Questo riferimento storico ci consente di fare una riflessione sulla formazione e sulla sensibilità culturale di Toniolo che [...] si troverà a nascere e a vivere una parte non trascurabile della vita, coincidente con la prima formazione, in un contesto irredento: influirà in qualche misura nella sua formazione [...] l'aver vissuto nell'impero asburgico, un impero con cultura mitteleuropea e una realtà multietnica".[10]

Il padre, Antonio Toniolo, nativo di Schio (Vicenza) esercitava la professione di ingegnere ed era uno stimato funzionario del Genio civile. La madre Isabella Alessandri di Massanzago (Padova), era casalinga[11]. "I genitori erano di sani e retti principi e trasmisero a Giuseppe genuini valori umani, morali".[12] Come evidenzia lo studioso Paolo Pecorari

> "l'ambiente familiare ebbe grande importanza nella formazione del Toniolo. La madre, Isabella Alessandri, donna di profonda religiosità e sensibilità, lo educò al cristocentrismo e alla pietà mariana; il padre, Antonio, apprezzato ingegnere distintosi nella direzione dei lavori di bonifica delle valli veronesi e ostigliesi, suscitò in lui il vagheggiamento dell'ideale sintesi tra religione e patria che il '48[13] aveva alimentato".[14]

---

[10] E. PREZIOSI, *Giuseppe Toniolo...* cit., 2012, p. 32, 33.

[11] Di sua madre Giuseppe Toniolo stesso sottolinea le caratteristiche morali nelle pagine di un diario rivolto ai figli, dicendo questo di lei: "Anima accessibile a ogni nobile sentimento di natura, docile e pronta a ogni sacrificio, ecco le due linee prominenti della fisionomia morale della mia genitrice". (G. TONIOLO, *Nonna Emilia e nonna Isabella. Alcune pagine di un diario domestico diretto aí nostri figli,* Pieve di Soligo, 10 settembre 1888, in E. PREZIOSI, "Giuseppe Toniolo….., cit. , p. 25). Se, dunque, alla mamma Toniolo deve la sensibilizzazione della sua anima alle virtù cristiane, che non lo avrebbe più abbandonato, dal padre eredita l'interesse per il mondo del lavoro e grazie a lui, si accosta per la prima volta alle tematiche sociali e politiche.

[12] Cfr. A. BERNARDINI, *Due lauree in tasca e una famiglia da mantenere*, intervista a Pietro Furlan, in "Toscana oggi" del 7 marzo 2012, in :www.toscanaoggi.it/Edizioni-locali/Pisa/due-lauree-in-tasca-e-una-famiglia-da-mantenere. Ultimo accesso il 4 febbraio 2017.

[13] Per la penisola italiana, è un periodo storico segnato da tempo da quel dissidio fra cattolicesimo e mondo moderno, accentuatosi con l'Illuminismo e con la rivoluzione francese. È l'epoca di intellettuali che cercarono di ricomporre tale dissidio. Così Gioberti (1801-1852) che, convinto che solo il cattolicesimo potesse fornire agli Italiani le energie morali per la rinascita, conquistò molti con le sue idee neoguelfe, che auspicavano il ritorno della Chiesa alla sua funzione di promotrice di

I suoi genitori avevano inculcato nel figlio i valori cristiani. Il padre, funzionario del Regno Lombardo-Veneto, seppe far sì che già in famiglia Giuseppe apprendesse l'articolazione politica della storia e comprendesse che nell'impostazione della vita sociale non è sufficiente formalizzarsi sulle leggi dichiarate dal diritto e su quelle praticate dall'economia, ma che diritto ed economia devono trovare giustificazione nel principio primo del servizio all'uomo[15].

La famiglia Toniolo seguì il padre Antonio nei suoi continui e frequenti trasferimenti dovuti ad esigenze di lavoro, spostandosi prima a Vicenza, poi a Verona, Rovigo e Padova. Questa situazione, di comprensibile disagio, influirà sulla formazione e sulla mentalità di Giuseppe, il quale avrà modo, tuttavia, di venire in contatto e conoscere "quel variegato panorama che il Veneto cattolico offriva allora, quando sull'antica pietà popolare andavano innestandosi i nuovi fermenti associativi e sociali del Movimento cattolico"[16].

---

incivilimento, in un popolo a vocazione cattolica che non si lasciasse fuorviare dal pensiero laico contemporaneo. Nel 1846, l'elezione di papa Pio IX, che aveva fama di essere di idee liberali, illuse l'opinione pubblica italiana di veder realizzato il sogno dei neoguelfi e dei monarchici, spingendo, contro le sue stesse intenzioni, mediante le sue caute ma promettenti riforme, verso la situazione rivoluzionaria del '48. Cfr. A. CAMERA, R. FABIETTI, *Elementi di storia. L'età contemporanea*, Zanichelli, Bologna 1980, p. 79-94.

[14] P. PECORARI, *Toniolo,* voce, in AA. VV., *Dizionario Storico del Movimento Cattolico in Italia 1860-1980,* vol. II, Marietti, Casale Monferrato 1982, p. 636-644. Anche su www.giuseppetoniolo.net/vita/Pecorari Dizionario.pdf. Ultimo accesso il 4 febbraio 2017.

[15] Cfr. *Giuseppe Toniolo(1845-1918)* in: http://storiaazionecattolica.altervista.org/azione-cattolica/personaggi-di-spicco/giuseppe-toniolo/. Ultimo accesso il 24 gennaio 2017.

[16] E. PREZIOSI, *Giuseppe Toniolo,* cit., p. 26. In epoca post-unitaria, accanto alle varie forme associative tradizionali (pie unioni, terz'ordini religiosi, confraternite, *amicizie cristiane*, congregazioni mariane ecc.), si svilupparono nuove forme aggregative di credenti, legate ai concetti di *movimento cattolico* o di *azione cattolica*, che allora passavano sostanzialmente per sinonimi. Si trattava di gruppi di laici cattolici, spesso strettamente collaboranti con alcuni preti e religiosi, che intendevano assumere un'esplicita testimonianza pubblica, per difendere e promuovere gli interessi della Chiesa nello spazio creato dalle nuove istituzioni civili laiche, basate sul principio di libertà. Nello Stato italiano unitario, i primi esperimenti di aggregazione di cattolici che volevano assumere un ruolo pubblico militante incorsero nei rigori polizieschi. Fu sciolta ad esempio un'Associazione Cattolica Italiana per la difesa della libertà della Chiesa fondata a Bologna nel 1864, che pure aveva tentato di non presentarsi come legittimista e anti-statale. Altre esperienze, come la Società della Gioventù Cattolica Italiana (Sgci), che unificava dal 1868 vari circoli cittadini, ebbero maggior durata e sfuggirono ai controlli, per i loro caratteri meno evidentemente politici. Secondo l'espressione di Giovanni Acquaderni, uno dei fondatori, questi giovani intendevano essere "cattolici di professione". Fu attorno al gruppo direttivo della Sgci che si coagulò l'idea di convocare un grande congresso cattolico nazionale, come avveniva in altri paesi. Sotto la spinta del peggioramento del giudizio sullo Stato unitario, dopo il 1870, i fatti di Porta Pia e l'aggravamento della *Questione romana*, l'intransigentismo ritenne necessario passare

Le condizioni finanziarie non buone e i continui spostamenti del padre, indussero i genitori a mettere il ragazzo nel collegio Santa Caterina, poi Foscarini, di Venezia.

Dopo aver frequentato, dal 1854 al 1862, il ginnasio e il liceo al collegio Santa Caterina di Venezia, retto da mons. Luigi Dalla Vecchia[17] (che divenne fin da subito suo confidente e padre spirituale[18]), nel 1863 Giuseppe Toniolo si iscrisse alla Facoltà Politico-Legale dell'Università di Padova[19], dove entrò in contatto con studiosi liberalmoderati come Luigi Luzzatti, Angelo Messedaglia e Fedele Lampertico.[20]

Il 27 giugno 1867, a soli ventidue anni, conseguì la laurea in Diritto Civile e Canonico; successivamente, spinto dal suo interesse per gli studi sociali ed economici, conseguì, nello stesso ateneo, la laurea in scienze economiche e politiche, "ed in queste si laureò brillantemente sostenendo la tesi *l'elemento etico quale fattore intrinseco dell'economia*, che suscitò l'ammirazione e rafforzò la stima dei suoi professori: Angelo Messedaglia, Fedele Lampertico e Luigi Luzzati"[21] che lo incamminò in un filone che avrebbe poi seguito per tutta la vita.

---

all'azione. Nel 1874 a Venezia un Congresso cattolico mise le basi di quella che l'anno seguente divenne la struttura permanente *dell'Opera dei Congressi* e dei *Comitati cattolici* in Italia. (Cfr. G. FORMIGONI, *Associazionismo Cattolico e la Chiesa in Italia*, in "Dizionario Storico Tematico La Chiesa in Italia", Volume II. Dopo l'Unità Nazionale, Roma 2015. Cfr. anche www.storiadellachiesa.it/glossary/associazionismo-cattolico-e-la-chiesa-in-italia/. Ultimo accesso il 6 marzo 2017.

17 Sotto la guida di mons. Dalla Vecchia, il giovane Toniolo fa suo l'ideale neoguelfo, una concezione politica in cui i valori civili e quelli religiosi sono strettamente connessi: la nazione, prima di costituire un'unità civile-politica, è un'unità morale e la Chiesa ha il compito di guidare e organizzare tale unità, attraverso un impegno concreto e un intervento nella società moderna. L'ideale neoguelfo affonda le sue radici nel Medioevo, quando veniva riconosciuto alla Chiesa il ruolo di guida della società civile contro l'egemonia imperiale; nella società moderna l'antagonista non è più l'Impero ma lo stato laico. (Cfr. E. PREZIOSI, *Giuseppe Toniolo.* cit., p. 30, 31).

18 Cfr. F. VISTALLI, *Giuseppe Toniolo*, cit., p. 29.

19 Quella di Padova era una delle più prestigiose Università del tempo, tuttavia nella città veneta, regnava un laicismo agguerrito e in quell'ateneo l'ambiente era ostile per i giovani cattolici, infatti, racconta Francesco Saccardo "bastava avere la nomea di studenti cattolici per ricevere una solenne fischiata ad ogni apparire". Cfr. E. PREZIOSI, *Giuseppe Toniolo.* cit., p. 32.

20 P. PECORARI, *Toniolo,* cit., p. 636-644.

21 Cfr. A. BERNARDINI, *Due lauree in tasca e una famiglia da mantenere*, cit..

Il 31 dicembre 1867 il padre morì prematuramente. Giuseppe, primo di quattro figli, dovette provvedere al mantenimento della sua famiglia composta, oltre che dalla madre, anche da due fratelli ed una sorella che morì ad appena tredici anni.[22] Si dedicò, così, per un certo periodo, all'esercizio dell'avvocatura presso l'avv. Domenico Coletti, reputatissimo nel foro di Padova[23].

2.1 Toniolo docente universitario. L'impegno nell'*Opera dei Congressi*

Incoraggiato in particolare dal Messedaglia, Giuseppe Toniolo intraprese la carriera universitaria. Assistente alla cattedra giuridico-politica dell'ateneo patavino dal 1868 al 1872, nell'anno accademico 1872-73 supplì Gianpaolo Tolomei nell'insegnamento del diritto filosofico. Il 30 agosto 1873 gli fu conferita l'abilitazione alla docenza privata di Economia politica. Per alcuni anni Toniolo fu professore di Economia politica, statistica e diritto amministrativo nell'Istituto Tecnico di Venezia.

Il 20 marzo 1878, per concorso, ottenne la cattedra di Economia politica presso la Regia Università di Modena. La coprì per breve tempo, perché con decreto ministeriale del 13 gennaio 1879 passò all'Università di Pisa, dove insegnò Economia politica e statistica fino al 1917.[24]

Il 4 settembre 1878, nell'anno in cui fu nominato presso la Regia Università di Modena, sposò, a Pieve di Soligo (Tv), Maria Schiratti, sorella di suoi amici e colleghi universitari conosciuti durante gli studi a Padova,[25] e che già dall'autunno 1867 era solito frequentare nei giorni di vacanza.

---

22 Cfr. A. BERNARDINI, *Due lauree in tasca e una famiglia da mantenere*, cit..

23 Cfr. F. VISTALLI, *Giuseppe Toniolo*, cit., p. 51.

24 Cfr. P. PECORARI, *Toniolo,* cit., p. 636-644. .

25 Si tratta di Gaetano e Renato Schiratti. Gaetano fu sindaco di Pieve di Soligo dal 1885 al 1890 e, successivamente. consigliere provinciale e poi deputato al parlamento. Con i fratelli Schiratti, Giuseppe Toniolo trascorrerà spesso le vacanze estive e stabilirà vincoli di familiarità. È in una di

Quella del matrimonio fu per lui una decisione profondamente meditata e alla cui scelta si risolse anche a seguito dei consigli del suo padre spirituale mons. Dalla Vecchia e, come sottolinea Preziosi, "la scelta di costruire una famiglia è per Toniolo una vera scelta vocazionale [...] Considera l'incontro con Maria e il cammino che gli si schiude un dono: *Ch'io sappia rendermi degno del dono prezioso di averti per compagna della mia vita,* scrive alla fidanzata"[26]

Dal matrimonio, nascono sette figli[27]. La sua è un'esperienza di famiglia ricca di tenerezza e di preghiera, una famiglia dove la Parola di Dio è di casa; egli ebbe sommamente a cuore la formazione della propria prole, facendo di essa il suo primo campo di apostolato.

La religiosità che Toniolo insegna e trasmette ai suoi figli si esprime anche nell'impegno quotidiano nel sociale, come si evince dai consigli e insegnamenti che impartisce al suo primogenito, Antonio, in una lettera che gli rivolge in occasione della sua laurea in scienze naturali, in cui, scrive:

> "Ma vecchio di anni, non ancora di spirito, ti dico che per gli studi non devi dimenticare i problemi della vita pratica, in ispecie quelli sociali, che oggi grandeggiano e che rientrano pure palesamente nei disegni della Provvidenza, per richiamare le presenti generazioni per questa via a sé. [...] noi dobbiamo di tale programma sociale fare quasi una parte dei nostri doveri di cattolici[...]."[28]

Toniolo ritiene una via per avvicinarsi a Dio il suo impegno volto a risolvere le problematiche sociali del suo tempo; la sua è, dunque, un'azione tutta radicata nella vita di fede.

La religiosità che Toniolo cerca di trasmettere, in particolare al suo primo figlio maschio Antonio che, secondo la mentalità dell'epoca, era *l'erede*, il prosecutore dell'impegno educativo paterno, si connota come "un percorso di

---

queste occasioni che si innamora di Maria, sorella dei suoi amici, sette anni più giovane di lui. (Cfr. A. BERNARDINI, *Due lauree in tasca e una famiglia da mantenere*, cit.).

[26] E. PREZIOSI, *Giuseppe Toniolo.* cit., p. 36.

[27] Tre figli i muoiono in tenera età ed una all'età di ventotto anni. Il primo figlio maschio, Antonio, nasce nell'aprile 1881. (Cfr. E. PREZIOSI, *Giuseppe Toniolo.* cit., p. 45).

[28] G. TONIOLO, *Lettera al figlio Antonio*, (Pisa, 6 aprile 1902). In: http://azionecattolica.it/toniolo/lettera-al-figlio-antonio. Ultimo accesso il 10 febbraio 2017.

vita, di impegno, di azione, alla luce di una religiosità sempre più vissuta come un rapporto personale con il Signore"[29].

Il decennio che va dal 1879 al 1889[30] fu, per Toniolo, un periodo di fervida attività intellettuale[31]. Come si è detto, infatti, il 1879 è l'anno in cui, con la nomina a professore di Economia Politica presso l'università di Pisa - posizione lavorativa che si stabilizzerà nel 1882 con il passaggio da docente straordinario a professore ordinario[32] - troverà quella serenità per dedicarsi proficuamente, oltre che all'insegnamento, anche ai tanti interessi che da sempre aveva a cuore.

Oltre ad approfondire la conoscenza della cultura cattolica tedesca, allacciando rapporti con le università di Monaco e di Friburgo, egli allargò i propri interessi al mondo scientifico franco-belga;[33] in questo periodo, inoltre, iniziò la sua collaborazione, attraverso la pubblicazione di articoli relativi a temi sociali, con il quotidiano cattolico *L'Osservatore Romano*[34] e si interessò sempre

---

[29] E. PREZIOSI, *Giuseppe Toniolo,* cit., p. 52.

[30] Queste due date corrispondono, rispettivamente, il 1879 all'anno del V Congresso dei cattolici italiani, durante il quale la *Sezione opere di carità* dell'Opera dei Congressi, fu trasformata nella *Sezione di Economia cristiana* (dal 1887 «Economia sociale»). Fu l'inizio dell'intervento organizzato dei cattolici nell'ambito delle scienze sociali ed economiche, (cfr. M. ANDREAZZA, *Giuseppe Toniolo. Un laico cristiano, un docente, un testimone*, ETS, Pisa1988, p. 72.) e il 1889 (due anni prima dell'enciclica *Rerum Novarum*) è l'anno in cui Giuseppe Toniolo, membro eminente della Sezione di Economia sociale dell'Opera dei Congressi, diede avvio a Padova, all'*Unione Cattolica per gli studi sociali* con l'intento di dare nuovo slancio alla sua proposta sociale. (*Profilo biografico*, *Tra Chiesa e società,* in http://azionecattolica.it/toniolo/profilo-biografico. Ultimo accesso il 2 febbraio 2017).

[31] Cfr. P. PECORARI, *Toniolo*, cit., p. 636-644.

[32] "I suoi studenti, ma più in generale i giovani, sono per lui come un prolungamento della sua famiglia; con loro egli infatti ha legami di vera amicizia. Tiene a casa sua incontri informali, dove invita gli allievi più interessati e volenterosi ad approfondire gli argomenti trattati all'università. Spesso essi chiedono chiarimenti sugli aspetti svolti durante le lezioni, ma si commentano anche i fatti del giorno, gli avvenimenti sociali [...] Toniolo è quindi sempre disponibile al confronto con le giovani generazioni, non solo a parole, ma anche con i fatti, con la testimonianza concreta della fede vissuta ogni giorno. Egli percepisce la necessità di una crescita del laicato attraverso il confronto culturale". (E. PREZIOSI, *Giuseppe Toniolo.* cit., p. 90, 91).

[33] In particolare "Guarda con attenzione a quel che fanno i cattolici in altri Paesi europei, in Belgio, in Francia o in Germania, dove l'università non è monopolio statale ma si arricchisce dell'iniziativa delle Chiese. Così pensa a un istituto superiore di cultura, un'idea che inizierà a concretizzarsi nel 1902 quando incontra un frate francescano, Agostino Gemelli, che sarà poi il fondatore dell'Università Cattolica nel 1920. Toniolo era morto da poco ma la paternità morale di questa istituzione gli sarà riconosciuta intitolando a lui l'Istituto". (*Storia dell'Azione Cattolica Italiana: Giuseppe Toniolo*; in http://storia azionecattolica.altervista.org/azione-cattolica/personaggi-di-spicco/giuseppe-toniolo/. Ultimo accesso il 12 febbraio 2017).

[34] Cfr. F. VISTALLI, *Giuseppe Toniolo*, Comitato Giuseppe Toniolo, Roma 1954. p. 242.

più attivamente all'*Opera dei Congressi*[35] a partire da un articolo intitolato *Una sapiente proposta*, pubblicato nel periodico *Il Movimento cattolico* nel 1880.[36]

Sono anni di intensa ricerca in cui il Toniolo si dedica a più riprese agli studi storici in particolare sull'età medievale italiana con l'intento di *documentare la forza vivificatrice della religione cristiana sulle società e sugli individui* [37] e il suo apporto al progresso civile in generale. Nel 1882 pubblica il volume *Dei remoti fattori della potenza economica di Firenze nel Medio Evo,* da cui emerge il suo modo di intendere il rapporto esistente tra vita civile e religione cristiana e la sua visione della storia.[38]

Oltre all'attività didattica e accademica, Toniolo partecipa in vario modo a diverse forme associative per gli studi sociali, in cui dimostra le qualità, oltre che di sagace studioso, anche di abile organizzatore e coordinatore delle forze intellettuali e sociali cattoliche[39]. Infatti, sebbene la sua presenza nell'ambito del Movimento Cattolico fu all'inizio non troppo evidente[40], a partire dagli anni

---

35 *Opera dei Congressi* è l'associazione politico-religiosa fondata nel 1874 allo scopo di riunire i cattolici e le loro associazioni per un'azione comune in difesa dei diritti della Chiesa e degli interessi religiosi e sociali degli Italiani. Organizzata in comitati parrocchiali, diocesani e regionali, oltre a svolgere un rilevante ruolo sul piano sociale, servì anche a canalizzare l'opposizione politica dei cattolici al liberalismo. Sciolta nel 1898 dal ministro Rudinì, si ricostituì nel 1899. Frattanto i gruppi più giovani, per iniziativa della Democrazia Cristiana di R. Murri, cercavano di rinnovarne lo spirito e i metodi chiedendo un più chiaro impegno politico-sociale. La crisi sboccò nello scioglimento dell'Opera da parte di Pio X (1904). Si permise solo la prosecuzione del gruppo di opere economiche (società di mutuo soccorso, casse rurali ecc.), soppresse nel 1905 e sostituite dall'*Unione economico-sociale*, mentre si creavano l'*Unione popolare e* l'*Unione elettorale*. (In http://www.treccani.it/enciclopedia/opera-dei-congressi/). Per ulteriori informazioni sulla natura e le finalità dell'Opera dei Congressi, si veda anche A. GAMBASIN, *Il Movimento Sociale nell'Opera dei Congressi(1874-1904) contributo per la storia del cattolicesimo sociale in Italia*, Editrice Università Gregoriana, Roma 1958, p. 32-37.

36 E. PREZIOSI, *Giuseppe Toniolo.* cit., p. 297.

37 C. VIOLANTE, *Il significato dell'opera storiografica di Giuseppe Toniolo nell'età di Leone XIII,* in "Aspetti della cultura cattolica nell'età di Leone XIII", Atti del convegno tenuto a Bologna il 27-28-29 dicembre 1960, a cura di G. Rossini, Cinque Lune, Roma 1961, p. 719, citato in P. PECORARI, *"Toniolo..."*, cit..

38 Secondo il Toniolo, è grazie all'affermarsi della religione cristiana che, nel Medioevo, si è potuta sviluppare una società in cui vi fosse una convivenza civile armonica; inoltre egli intende la storia come "la correlazione necessaria tra Rivelazione e civiltà", la civiltà si sviluppa soltanto laddove la Rivelazione viene accolta, altrimenti essa cessa di esistere. Toniolo, in questo modo, sembra aver identificato la "civiltà" con la "civiltà cristiano cattolica". (Cfr. R. MOLESTI (Ed), *Giuseppe Toniolo...*, cit., p. 16.

39 Cfr. E. PREZIOSI, *Giuseppe Toniolo,* cit., p. 91.

40 Date le difficoltà allora incontrate dai docenti universitari e dai dipendenti dello Stato (in genere per far parte delle associazioni cattoliche), in una lettera del 13 ottobre 1879 dichiarava al presidente

1884-1885, grazie anche all'amicizia con il conte bergamasco Stanislao Medolago Albani[41], inizia un suo impegno più attivo e diretto nell'*Opera dei Congressi.* Lavora, nello specifico, con la seconda sezione permanente dell'Opera, la quale si occupa di *Economia sociale cristiana.* Nel 1886 pubblica il saggio *Dell'odierno indirizzo delle scienze sociali-economiche e dei corrispondenti doveri degli studiosi cattolici.* È dello stesso periodo l'opuscolo *Alcune linee e quesiti di un programma di economia sociale cristiana* che viene pubblicato in collaborazione con la seconda sezione.

Il 7 febbraio 1887 Toniolo entra ufficialmente a far parte del Comitato Permanente dell'Opera dei Congressi e dei Comitati cattolici[42]. Con la sua competenza economico-sociale cooperò alla riorganizzazione della Seconda Sezione dell'Opera dei Congressi con il nuovo nome di *Sezione di Economia Sociale* (precedentemente *Sezione di Carità*)[43]; partecipò ai Congressi Cattolici in

---

dell'Opera dei Congressi, Paganuzzi,: "di più la posizione mia [di docente universitario] purtroppo non mi consente". (Cfr P. PECORARI, *Toniolo,* cit. p. 636-644).

[41] Il conte Stanislao Medolago Albani (Bergamo, 30 luglio 1851) "vive la giovinezza nel periodo in cui si svolge la Rivoluzione italiana, cioè quando il nuovo Stato unitario cerca di ostacolare in ogni modo l'influenza culturale della Chiesa italiana sulla società, costringendo i cattolici a organizzare la propria presenza nel corpo sociale attraverso organismi dai diversi nomi, ma identificati nel loro insieme con il termine *Movimento Cattolico.* [...] Il 28 aprile 1882 Medolago Albani viene chiamato a far parte del Comitato Generale Permanente dell'Opera dei Congressi e dei Comitati Cattolici, assumendo così - oltre agli incarichi nella sua città natale, cui rimarrà sempre fedele - nuovi impegni a livello nazionale, fra i quali diverrà preminente la direzione della sezione di Economia Sociale Cristiana della stessa Opera dei Congressi, fondata nel 1884 e da lui presieduta: l'azione di questo nuovo organismo sarà caratterizzata dalla collaborazione del nobile bergamasco con Giuseppe Toniolo. I due cercheranno di promuovere l'organizzazione del Paese reale con un'intensa attività di elaborazione intellettuale e di ramificazione della presenza del *Movimento Cattolico* sul territorio. Nascono o si consolidano casse rurali, società di mutuo soccorso, una fitta rete di cooperative, unioni professionali, leghe operaie e contadine, attorno alle parrocchie e nei luoghi di lavoro, grazie alle quali il Paese reale intende resistere alla duplice sfida dello Stato liberale e del movimento socialista". (M. INVERNIZZI, *Stanislao Medolago Albani Laico*, in http://www.santiebeati.it/dettaglio/95072. Ultimo accesso il 24 febbraio 2017).

[42] Cfr. F. VISTALLI, *Giuseppe Toniolo*, cit., p. 484.

[43] L'entrata del Toniolo nell'*Opera dei Congressi* ne provocò un significativo cambiamento. Il movimento, infatti, era tutto concentrato nella difesa dei diritti del Papa. Era il baluardo dell'*intransigentismo*, termine che indicava la volontà di non scendere mai a patti con la nuova realtà politica. Questa volontà fu sancita a livello ufficiale con il *Non expedit* che proibiva ai cattolici di partecipare alla vita politica: né elettori né eletti, si diceva. Il Toniolo si attenne sempre a questa indicazione, ma non poteva ignorare la situazione sociale del paese. La difesa dei diritti violati del Papa era importante, ma più importante era per lui il cambiamento della disastrosa situazione sociale in cui versava l'Italia, sotto la guida di governi liberali. Si impegnò a spostare l'attenzione del *Movimento Cattolico* verso questa direzione, non senza incontrare la resistenza e anche l'ostilità dei dirigenti del Movimento. Per lui era urgente impegnarsi in una analisi profonda della realtà ed

Italia e all'estero tenendovi più volte magistrali relazioni e discorsi, e così pure ai Congressi Eucaristici Nazionali; promosse la fondazione dell'*Unione Cattolica per gli Studi Sociali* (1889)[44]. L'anno di fondazione dell'*Unione* aveva per il Toniolo un alto valore simbolico. Ricorreva il primo centenario dalla Rivoluzione francese, frutto della rivolta della scienza sulla religione, che aveva sovvertito l'ordine sociale e alla quale Toniolo intendeva, con questa iniziativa, fare da contrappunto. Infatti egli così scriverà nella rivista di questa nuova associazione:

> "L'anno 1889, l'Europa laica era tutta intenta a celebrare la prima ricorrenza centenaria della Rivoluzione francese, prodotto immediato, fra altre cause complesse, della più audace insurrezione della scienza (Enciclopedia) contro il soprannaturale, e di cui la nazione di Clovodeo e di San Remigio fu allora l'autrice per esserne poi la vittima. In quella circostanza Mons. Callegari, Vescovo di Padova, accolse con ardore la proposta d'un modesto convegno di studi [...] che gettasse il germe di un sodalizio inteso a riaffermare e viepiù propugnare il necessario e fecondo connubio della ragione con la fede".[45]

---

elaborare vie nuove per realizzare una maggiore giustizia sociale. In questa sua battaglia egli trovò l'appoggio della parte più giovane del movimento. I congressi, soprattutto dopo la pubblicazione della *Rerum Novarum,* divennero, sotto la spinta del Toniolo, sempre più momenti decisivi per il cambiamento della realtà sociale del Paese, in contrapposizione alla mentalità liberale, poco sensibile alle riforme sociali e in contrapposizione all'incipiente movimento socialista, inconciliabile con la visione cristiana della società. (G. MORET, *Toniolo e l'Opera Dei Congressi,* in "L'Azione", settimanale della Diocesi di Vittorio Veneto, 8 gennaio 2012).

44 L'*Unione Cattolica per gli Studi Sociali* è una società di studi e di promozione sociale cattolica, volta a promuovere ogni attività diretta ad illustrare la funzione sociale del cristianesimo e del Papato e a preparare le classi superiori cattoliche al loro compito di guida. Vide la luce, dopo una lunga e laboriosa opera di preparazione, durante il convegno tenutosi nell'episcopio di Padova il 29 dicembre 1889. Questa data deve considerarsi storica in quanto determinò l'avvio di un intenso e ordinato studio dei problemi sociali da parte dei cattolici italiani, con l'appoggio e la collaborazione della Gerarchia. L'*Unione* si adunò la volta successiva a Lucca (4 maggio 1890); si scelse questa sede perché tale città era già da tempo un noto centro di studi sociali cattolici. Il convegno ebbe come tema la carità come atteggiamento con cui la Chiesa si proponeva di risolvere le problematiche della questione sociale. L'adunanza successiva si tenne a Genova nell'autunno del 1892, anno in cui ricorreva il quarto centenario della scoperta dell'America; si volle così celebrare le gesta del cattolico Cristoforo Colombo quale uomo simbolo della missione affidata alla Chiesa di diffondere la civiltà. In occasione del successivo congresso dell'*Unione*, tenutosi a Milano il 4 gennaio 1894, Toniolo, che lo presiedette e ne redasse il verbale, formulò il primo programma sociale cattolico, chiamato *Programma dei cattolici di fronte al socialismo* (noto come *Programma di Milano*). Ci fu infine, il congresso di Padova dell'agosto 1896 in cui si ribadirono i principi dell'enciclica *Rerum Novarum*, e se ne proposero delle applicazioni concrete al fine di risolvere i principali problemi dell'economia dell'epoca. (Cfr. F. VISTALLI, *Giuseppe Toniolo*, cit., p. 301 - 414).

45 Così è citato in F. VISTALLI, *Giuseppe Toniolo*, cit., p. 301.

Emerge anche qui, ancora una volta, tra le righe del proposito di impegni di studio, l'atteggiamento nei confronti della fede cristiana. Toniolo ritiene che la razionalità del pensiero positivista dell'epoca, avendo rifiutato ogni riferimento alla fede, avesse portato alle situazioni problematiche che adesso la società riscontrava; questo convincimento lo induce a vivere concretamente e attivamente la fede come vero e proprio *apostolato*, promuovendo ogni forma di ricerca e di studio che avvalorasse il necessario *connubio della ragione con la fede.*

In Toniolo si riscontra *unità di pensiero e di vita*, cioè la sua vita si conforma alla sua spiritualità; la sua fede innerva ogni suo pensiero ed ogni sua azione. Ma di più rispetto a questo, che potrebbe essere considerato un atteggiamento normale in ogni fervido credente, sia pure adottato con una coerenza superiore, il Nostro ebbe una sua nota caratteristica, che fu quella di scegliere, come via alla propria santificazione *la vocazione intellettuale e scientifica di studioso e scienziato cristiano.*[46] Di qui la consapevolezza di dover costantemente combattere la forte tentazione dell'orgoglio derivante anche dal successo dei suoi studi, verificando la "retta intenzione" di vivere il suo interesse per lo studio solo per Dio, per amore della verità, per il servizio alla Chiesa e all'uomo.

Egli così scriverà nel testo, che porta il titolo di *Propositi e regolamento di vita*, del 1882: "Voglio colla grazia del Signore sacrificare in essi [negli studi] i miei gusti, la mia curiosità, le mie idee, per non cercare e adempiere in essi che la volontà del mio Signore, e dirigere tutte le mie fatiche al bene dell'anima mia e

[46] Cfr. F. VISTALLI, *Giuseppe Toniolo*, cit., p. 5. Si osservi che per noi, persone del XXI secolo, figli del rinnovamento conciliare, può sembrare ovvio che ciascun laico, in quanto parte del Popolo di Dio, esprima la propria vocazione alla santità - nell'ambito di quella universale vocazione alla santità, che riguarda qualunque fedele, a prescindere dalla propria scelta di vita- *mediante l'esercizio del proprio ufficio e sotto la guida dello spirito evangelico* [...] *principalmente con la testimonianza della loro stessa vita* (LG, 31.) cioè svolgendo secondo i principi del Vangelo, le proprie attività *secolari.* Non così scontato era questo atteggiamento nei laici di fine'800, quando l'aspirazione alla santità di vita era considerata appannaggio dei religiosi e dei chierici e in un certo modo, se ne escludeva la titolarità ai laici.

degli altri e alla gloria del Signore"[47], cosa che risultava quantomeno singolare nei suoi coevi, tanto da renderlo a volte anche oggetto di un sia pur rispettoso scherno[48] e di lasciar pensare a molti che avrebbe scelto la vita consacrata[49].

Invece, con l'istituzione dell'*Unione*, il Toniolo scelse la via laica di consacrare tutto se stesso alla ambiziosa causa di contribuire, con dedizione e tenacia assolute, alla preparazione di un assetto sociale che realizzasse il trionfo della giustizia per tutti. E in questo non va dimenticato che in lui l'unità di pensiero e di vita è unità di fede e azione, infatti

> "L'attivismo, il desiderio di conoscere, l'impegno a capire le cause profonde dei problemi sociali e vagliarne le possibili soluzioni, la sua stessa lucidità di giudizio nascono proprio dal tempo che dedica a occuparsi del *supremo interesse dell'anima sua,* come scrive nelle lettere, e a migliorare se stesso nella fedeltà ai propri doveri".[50]

Si infittisce così il carteggio che egli indirizza alle più alte cariche civili e religiose, per diffondere le idee e i propositi dell'*Unione.* In particolare Toniolo si rivolge al card. Mariano Rampolla - Segretario di Stato di Leone XIII e suo principale collaboratore - a cui illustrerà il suo progetto di affiancare alla società di studi, un organo di stampa che servisse a diffondere le idee e i risultati degli studi del cattolicesimo sociale, il progetto di una *Rassegna* a carattere *internazionale* "la quale è destinata a coordinare il movimento sociale in una suprema battaglia per la civiltà: una Rassegna che a tal uopo si propone di trattare le questioni molteplici che riguardano l'ordine sociale cristiano, e più

---

47 G. TONIOLO, *Propositi e regolamento di vita. Regolamento di vita*, citato in E. PREZIOSI, "Giuseppe Toniolo", cit., p. 63.

48 Il suo non nascondere l'aperta professione di fede gli frutterà un simpatico dileggio su *Il Papiro* del 1914: «Toniolo è quella cosa / che t'insegna economia: / se non sai l'Avemaria, / certamente sei fregat». (E. PREZIOSI, *Giuseppe Toniolo.* cit., p. 93).

49 Vistalli così scrive: " [...] e si ingannarono quelli – per verità non pochi – i quali dai suoi sentimenti profondamente religiosi, dalla sua soda pietà ed esemplare condotta furono indotti a pensare che il Dott. Giuseppe avrebbe finito per entrare in un Ordine Religioso o per farsi sacerdote". F. VISTALLI, *Giuseppe Toniolo*, cit., p. 77.

50 S. GUIDI, *La "sociologia cristiana" di Giuseppe Toniolo. Non è un buon economista chi è solo un economista,* in "L'Osservatore Romano", 26 novembre 2009, p. 4.

ancora di riassumere i più segnalati articoli di Riviste cattoliche sociali dei due mondi..."[51].

2.2 Toniolo e gli *Studi sociali*

La tanto auspicata *Rassegna* fece il suo esordio nel 1892, quando essa fu fondata e battezzata col nome di *Rivista Internazionale di Scienze Sociali e di discipline ausiliarie.*

Soltanto un anno prima, nel maggio 1891, Leone XIII aveva pubblicato l'enciclica *Rerum Novarum*[52]. Toniolo, anche a mezzo della *Rivista*, fu per l'Italia un vero apostolo del pensiero di Leone XIII. Vistalli fa osservare che "da quando sulla fine del 1889 venne istituita a Padova *L'Unione Cattolica degli studi sociali*, il Toniolo divenne (e risulta dalla sua corrispondenza) il fiduciario, in fatto di scienze sociali, di Papa Leone XIII"[53]. Più avanti, nel sottolineare la superiorità culturale del nostro economista, continua affermando:

> "Dotato di un grande potere di penetrazione e d'una straordinaria facoltà assimilatrice [...] il professore dell'ateneo pisano si trovò nelle migliori condizioni per illustrare, con una ricca documentazione storica ed una erudizione vastissima, il pensiero economico

---

[51] Così Toniolo nella lettera al card. Rampolla del luglio 1891, in F. VISTALLI, *Giuseppe Toniolo*, cit., p. 354.

[52] *Rerum Novarum* è l'enciclica di Leone XIII del 15 maggio 1891 sulla *Questione sociale*. L'enciclica, con il richiamo allo spirito di carità e alle sollecitudini della Chiesa per i tribolati, *critica il liberismo economico* imperniato sull'iniziativa dell'imprenditore in vista del guadagno, prospettando un nuovo ordine economico che riduca le disuguaglianze sociali, il rischio del lavoratore di rimanere disoccupato o infortunato garantendogli un'equa partecipazione al frutto del suo lavoro. Nello stesso tempo, *respinge la dottrina socialista del collettivismo* confermando la legittimità morale, giuridica ed economica della proprietà privata e indicando obblighi e limiti dell'intervento dello Stato. Rivendicando la legittimità del magistero della Chiesa a intervenire nel campo sociale, l'enciclica riconosce l'opportunità delle associazioni operaie e dei sindacati; esortando i lavoratori cattolici ad associarsi e a costituire organismi misti con gli imprenditori, secondo il modello di *corporazioni* di arti e mestieri, essa rifiuta il metodo della lotta di classe. La *Rerum Novarum* costituiva da un lato la sanzione papale all'elaborazione teoretica e alle esperienze organizzative dei cattolici in merito alla questione sociale, dall'altro dava l'avvio a tutta una fioritura di studi e di iniziative sociali. (Cfr. www.sapere.it/enciclopedia/Rerum+Novarum.html. Ultimo accesso il primo marzo 2017).

[53] F. VISTALLI, *Giuseppe Toniolo*, cit., p. 450.

sociale del Cattolicesimo, per riuscire uno dei commentatori più illustri della *Rerum Novarum*".[54]

Da allora e per tutto l'ultimo decennio del secolo, le sue iniziative si fecero incalzanti. È del gennaio 1894 il noto *Programma di Milano*, piattaforma operativa dei cattolici di fronte al socialismo.

Negli anni successivi, sollecitato dal grande dibattito internazionale sul concetto di *Democrazia* suscitato dall'enciclica *Rerum Novarum,* che fu il vero lievito fomentatore della cristiana democrazia nelle coscienze cattoliche, il Toniolo si dedica a disegnare la sua idea cristiana della *Democrazia.* Così, nel luglio 1897, nella *Rivista internazionale di discipline sociali e scienze ausiliarie,* egli pubblica un significativo articolo sotto il titolo *Il concetto cristiano della democrazia,* in cui definisce la democrazia come "quell'ordinamento civile nel quale tutte le forze sociali, giuridiche ed economiche, nella pienezza del loro sviluppo gerarchico, cooperano *proporzionalmente al bene comune*, rifluendo in ultimo risultato a prevalente vantaggio delle classi inferiori".[55]

La democrazia viene in tal modo a confondersi col *concetto di ordine sociale, che per natura sua e dei suoi fini riesce in ultimo a particolare tutela e sollievo dei deboli e degli umili*[56]. Ancora una volta il professore fa riferimento al pensiero evangelico.

Negli anni della crisi di fine secolo, esplode all'interno dell'*Opera dei Congressi*, la polemica fra la componente dei cattolici cosiddetti *intransigenti*, dalle posizioni conservatrici, guidati dal presidente Paganuzzi, che prevedevano un impegno esclusivamente sociale e non politico dei cattolici, e un gruppo di giovani facenti capo a don Romolo Murri, che, in nome del principio della responsabilità autonoma dei laici sul terreno sociale e politico, erano intenzionati

---

[54] *Ivi*, p. 685.
[55] G. TONIOLO, *Il Concetto Cristiano di Democrazia*, Collana di Studi Sociali Moderni n. 6, Colletti Editore, Roma 1945, p. 21.
[56] F. VISTALLI, *Giuseppe Toniolo*, cit., p. 445.

a percorrere la strada dell'autonomia del laicato e sostenevano la necessaria presenza attiva dei cattolici nella vita politica del Paese.[57]

Quale esponente di primo piano dell'Opera dei Congressi, il Toniolo cercò, ma senza successo, di ricucire il contrasto tra il Movimento democratico cristiano di Romolo Murri e l'ala intransigente di Giovanni Battista Paganuzzi,[58] contrasto che giunse allo scontro finale nel Congresso di Bologna del 1903 e indusse Papa Pio X, nel 1905, con l'Enciclica *Il fermo proposito*, a decidere per lo scioglimento dell'*Opera* dopo trent'anni di attività dell'Opera dei Congressi, e la riorganizzazione dell'azione dei cattolici in tre Unioni: l'*Unione Economico sociale*, *l'Unione elettorale* e l'*Unione Popolare.*

Il professore di Pisa, messo dalla Santa Sede a capo dell'*Unione Popolare*, che presiedette dal 1906 al 1910[59], ideò e redasse lo Statuto della stessa che, circa i suoi scopi, così recita: "Essa ha per scopo di difendere e attuare l'ordine sociale e la civiltà cristiana, seguendo gli insegnamenti della Chiesa e in specie le Encicliche sulla questione operaia e sulla azione sociale; e di educare la coscienza sociale, civile, morale e religiosa del popolo italiano".[60]

Il Toniolo, poi, si fece promotore, all'interno dell'Unione Popolare, delle *Settimane sociali*, cioè di convegni di studio, articolati in lezioni e discussioni, sui problemi sociali di maggiore attualità, finalizzati a far conoscere ai cattolici la dottrina sociale della Chiesa, allo scopo di guidare l'azione cattolica nelle varie

[57] Si ricordi che in quegli anni era fatto divieto ai cattolici di partecipare alla vita politica del Paese. Infatti era in vigore il *Non expedit (non conviene), decreto della curia romana con cui il Papa Pio IX aveva dichiarato sconveniente e di fatto vietava la partecipazione* dei cattolici italiani alle elezioni e in genere alla vita politica dello Stato italiano, divieto sanzionato con decreto della Sacra Penitenzieria del 10 settembre 1874 e ribadito come obbligatorio in atti successivi. Pio X, con l'enciclica *Il fermo proposito* dell'11 giugno 1905, pur non revocando formalmente il divieto, permise l'adito dei cattolici alla vita politica qualora sussistessero circostanze speciali riconosciute dai vescovi. (Cfr. www.treccani.it/ enciclopedia/non-expedit/; ultimo accesso il 16 febbraio 2017).

[58] Toniolo aveva intuito che la sfida della testimonianza cristiana non si giocava creando il muro contro muro nei confronti dello Stato e della società, ma piuttosto formulando una risposta convincente alle sfide del momento storico.(Cfr. http://azionecattolica.it/toniolo/profilo-biografico)

[59] Cfr. *Archivi di personalità,Toniolo Giuseppe,* in http://siusa.archivi.beniculturali.it/cgi-bin/pagina.pl?TipoPag=prodpersona&Chiave=244&RicProgetto=personalita. Ultimo accesso il 3 febbraio 2017.

[60] F. VISTALLI, *Giuseppe Toniolo*, cit., p. 505.

categorie di lavoratori, con la discussione di progetti di altissimo valore pratico. La prima Settimana Sociale si tenne a Pistoia nel 1907.

Quelle fin qui menzionate sono soltanto alcune delle più note e rinomate iniziative che il Toniolo intraprese nella sua poliedrica e indefessa attività volta a tenere sempre viva l'operosità dei cattolici nella vita sociale e sempre vitale e operante il suo personale apostolato di uomo di fede.

Mons. Francesco Vistalli, biografo ufficiale del Toniolo[61], nel suo poderoso volume, così, in un passo, riassume efficacemente tutta una serie di attività forse meno note, inerenti le questioni di più viva attualità, svolte dal professore nel corso della sua vita pubblica:

> "Né va passato sotto silenzio che quanto si fece a suo tempo in Italia per la crociata antischiavistica, seguita all'appello del Cardinale Lavigerie, e contro il divorzio, dopo le prime avvisaglie che se ne ebbero al Parlamento italiano, o contro il duello, la pornografia e la laicizzazione della scuola, tutto ebbe nel Toniolo non solo il cooperatore ma lo strenuo propulsore. Né va obliata la sua attività, schierata per la difesa della moralità, per la protezione della giovane, per la protezione legale dei lavoratori in Italia e fuori; per la buona stampa, per la difesa delle opere pie e per il riposo domenicale. In poche parole, a tutti gli attacchi o insidie che nemici di destra o di sinistra si permettevano a danno della Chiesa e delle dottrine di cui è depositaria, egli era sempre pronto a rispondere".[62]

Sul piano della promozione della cultura scientifica cristiana e in aperta risposta alla mentalità positivista dilagante nel suo tempo, Toniolo concepì e concretizzò il progetto di una *Società Cattolica Italiana per gli studi scientifici* , inaugurata nella primavera del 1899 a Como, città scelta simbolicamente come sede, in quanto città natale del fisico Alessandro Volta.[63]

---

[61] Cfr. S. BURGALASSI, *Passato e Futuro*, Ets, Pisa 1992, p. 173.

[62] F. VISTALLI, *Giuseppe Toniolo*, cit., p. 489.

[63] Rientrano tra le discipline di interesse di questa Società, secondo quanto indicato nel suo statuto provvisorio, oltre alle scienze fisiche, naturali e matematiche, anche gli studi sociali, economici, giuridici, politici e storici, senza trascurare gli studi religiosi , apologetici e filosofici, con lo scopo di promuovere le scienze in armonia con la fede, di collegare con mutue relazioni di studi per ogni ordine di discipline i cultori cattolici d'Italia, di avviare e mantenere utili corrispondenze con altre Società scientifiche italiane ed estere, di promuovere in ogni modo la più larga diffusione della cultura. La Società dichiara, quindi, di seguire rigorosamente nella trattazione delle singole discipline i metodi scientifici, ma, al tempo stesso, professa dipendenza alla Santa Chiesa e conformità agli indirizzi contenuti negli Atti della Santa Sede riguardanti gli Studi (Cfr. F. VISTALLI, *Giuseppe Toniolo*, cit., p. .471).

Altrettanto sentita fu la sua missione come educatore della *gioventù studiosa*; un vero e proprio apostolato verso le nuove generazioni, nei cui confronti sentì il dovere morale di fungere da guida, affinché non cadessero vittime delle facili seduzioni del mondo o dell'ozio, ma indirizzassero cristianamente la loro vita e, conformemente al suo carattere, implementò questo suo pensiero in un'opera concreta: egli contribuì a fondare, nel 1896, al Congresso Cattolico Nazionale di Fiesole, la *Federazione Universitaria Cattolica Italiana* (Fuci)[64]di cui fu sempre non solo strenuo sostenitore ma un reale maestro che tracciò le linee luminose di pensiero che gli universitari cattolici di allora seguirono con grande entusiasmo.[65]

Lavoratore infaticabile, Toniolo consumò un'esistenza carica di impegni superiori forse alla sua costituzione fisica e, fin anche al tramonto della sua vita, egli si interessò agli avvenimenti della società in maniera propositiva, infatti, nel 1914, in un momento convulso, a causa della guerra e già debilitato dalla malattia, il professore pisano propose a Papa Benedetto XV di costituire a Roma un *Istituto di Diritto Internazionale per la Pace*. A spingerlo verso questa

---

[64] Alla fine dell'Ottocento, il mondo universitario cattolico italiano viveva un'epoca di difficoltà, poiché negli atenei italiani si respirava un clima dominato da una presenza ed una invadenza di pensiero positivista, con forti connotazioni anticlericali. I prodromi della Fuci si posero già a Roma nel maggio 1889 con la fondazione del *Circolo di san Sebastiano*, con l'obiettivo di opporsi alle correnti laiche, anticlericali e positivistiche presenti nel mondo della scuola e degli studi universitari e per rivendicare la presenza di un laicato cattolico giovane e attivo in grado di imporsi attraverso l'impegno culturale anche nel campo scientifico, dimostrando così che non esisteva inconciliabilità fra fede e studio. Questo circolo si dotò successivamente anche di una rivista: il periodico *La Vita Nova*. Fra i soci del circolo figura anche Romolo Murri che divenne direttore della suddetta rivista. Fu proprio dalle pagine de *La Vita Nova* che venne lanciato il programma e lo statuto della *Federazione cattolica universitaria*, il cui obiettivo era di "ricostruire le scienze e la vita sociale, rifare la città umana, ma dietro le norme della fede ispiratrice e con i vincoli della operosa carità cristiana". Tuttavia l'iniziativa promossa dal Murri e dai suoi amici era destinata ad incontrare riserve ed ostacoli in seno al movimento cattolico nazionale, che infine indussero il Murri alle dimissioni dalla direzione della rivista (1896), atto che portò al passaggio della rivista e della Federazione sotto il controllo dell'*Opera dei Congressi*. Infatti, il XIV congresso cattolico di Fiesole del 1896 sancì ufficialmente questo passaggio, dando vita alla *Federazione universitaria cattolica italiana* e assumendo *La Vita Nova a* suo organo di stampa. Alla presidenza della Federazione venne chiamato il barone napoletano Luigi De Matteis, espressione delle correnti più intransigenti del movimento cattolico meridionale, e la sede della *Vita Nova* venne spostata a Napoli. (Cfr. F. MALGERI, *Cent'anni di vita in Fuci una ricerca lunga cent'anni*, San Paolo, Cinisello Balsamo 1996. Anche in http://fuci.net/chi-siamo/storia, ultimo accesso il 10 marzo 2017).

[65] Cfr. M.LUCCHESI, *Un padre e un fondatore. La FUCI e Toniolo,* in http://azionecattolica.it/toniolo/un-padre-e-un-fondatore-la-fuci-e-toniolo, ultimo accesso il 3 marzo 2017.

iniziativa fu l'opposizione italiana alla partecipazione del Papa alle Convenzioni dell'Aia. Egli, attraverso questa iniziativa, intendeva consolidare una rete di intellettuali cattolici che sostenessero il Papa nella promozione degli ideali cristiani nel campo del diritto, specialmente in quello internazionale. La proposta appare perciò in perfetta continuità rispetto al suo più generale impegno di sollecitazione del laicato cattolico, e specialmente della classe intellettuale, affinché accompagnasse il magistero spirituale con attività proprie, socialmente impegnate.[66]

[66] Cfr. P. CONSORTI, *Toniolo, Il Diritto Internazionale e la Pace,* Abstract in : https://arpi.unipi.it/retrieve/handle/11568/784151/87258/p._consorti_-_toniolo_il_diritto_internazionale_e_la_pace.pdf

2.3 Toniolo, Beato.

Toniolo morì a Pisa il 7 ottobre 1918. Le sue spoglie mortali riposano nella Chiesa di S. Maria Assunta a Pieve di Soligo. Fu dichiarato *Venerabile* da Paolo VI il 14 giugno 1971 al termine di un processo canonico iniziato nel 1933, e che fu "promosso" dalla Fuci a seguito della fama di santità che da subito circondò il docente universitario.

Il 14 gennaio 2011 la Congregazione delle Cause dei santi ha promulgato il decreto riguardante un miracolo attribuito all'intercessione di Giuseppe Toniolo[67], atto che ha concluso l'iter della sua beatificazione.

Benedetto XVI dispose che la celebrazione del Rito di Beatificazione avesse luogo a Roma, nella Basilica di San Paolo fuori le mura, il 29 aprile 2012.[68]

---

[67] Il miracolo attribuito all'intercessione di Toniolo riguarda un ragazzo di Pieve di Soligo (Treviso), paese nel quale è sepolto il beato. Francesco Bortolini, nel giugno del 2006, dopo una serata di festa, era caduto da una rete di recinzione ferendosi gravemente. Francesco, soccorso immediatamente, viene portato all'ospedale di Conegliano in terapia intensiva, posto in coma farmacologico e dichiarato irrecuperabile dai medici che da subito avevano considerato le sue condizioni disperate. Attorno a lui si è stretta la comunità parrocchiale di S. Maria Assunta di Pieve di Soligo, che ha chiesto l'intercessione di Toniolo per la guarigione del giovane, il quale, dopo qualche giorno, ha iniziato a migliorare fino a ristabilirsi completamente. Per il personale medico non può che trattarsi di un fatto prodigioso. In seguito alle dovute indagini scientifiche e teologiche, Benedetto XVI, riconoscerà la miracolosità, per intercessione del Toniolo, di questo episodio, aprendo la strada alla sua beatificazione.

[68] Cfr. D. SORRENTINO, *Causa di beatificazione*, in http://azionecattolica.it/toniolo/causa-di-beatificazione; ultimo accesso il 14 marzo 2017.

Capitolo 2

Toniolo *sociologo cristiano*

1. La Religione tra percezione e istituzionalizzazione

Come cambia la religiosità col mutare della società in un mondo che sembra andare di fretta, globalizzato, pluralista? E viceversa, in quale misura ed in che modo la religiosità influenza il nostro modo di vivere e lo può modificare, dandogli un senso nuovo, uno spessore valoriale e un orizzonte ultimo? E, ancora, come proporre alle nuove generazioni, i contenuti della nostra religione senza rischiare che essi appaiano obsoleti e inutili nel contesto di una società così secolarizzata come quella contemporanea? Sono queste le domande che mi hanno fatto appassionare e rivolgere con curiosità allo studio della *sociologia della religione.*

Per capire le dinamiche sociali della religione, ossia come si strutturi la religione nei vari contesti delle diverse comunità umane, quali siano i motivi che danno vita al dinamismo di passaggio da vecchie a nuove forme di religiosità, come si possa motivare quella capacità di essere funzionale allo sviluppo e al consolidamento delle società umane da parte della religione, è utile e necessario indagare dapprima sul significato stesso che la religione ha ed ha sempre avuto per l'uomo di ogni tempo.

A tal proposito è particolarmente interessante la spiegazione che dà il teologo protestante e filosofo della religione Rudolf Otto su quali siano le condizioni e i presupposti del fenomeno religioso. Nella sua opera più famosa Das Heilige (1917), Otto indaga ciò che egli ritiene essere l'intima essenza di ogni religione, ovvero il sacro. Come sottolinea il teologo Di Pilato, il termine sacro, che è uno dei temi centrali nell'ambito delle riflessioni più recenti sulla dimensione religiosa dell'uomo, è, nella visione di Otto, "rapportabile all'emozione irrazionale che l'uomo prova di fronte al mysterium tremendum-fascinans del divino".[69] Di Pilato continua dicendo che questa posizione, accolta e sviluppata anche da altri teologi, porta ad affermare che vi è una "struttura" essenziale permanente nell'uomo in rapporto all'esperienza religiosa, e cioè

> "Le manifestazioni del sacro non sono quindi *accidentali*, non sono riducibili ad atteggiamenti psicologici [...] sono invece costitutive dell'essere umano. [...] L'esperienza del sacro nelle sue diverse espressioni (sacro *primitivo*, animismo, politeismo, monoteismo) in quanto tale è [...] ricerca di *potenza*, riempimento totale delle aspirazioni dell'uomo. [...]. Il desiderio di potenza è legato alla presa di coscienza del limite/confine sempre presente nell'uomo di ogni tempo"[70].

Sebbene a partire dal XIX secolo siano stati numerosi i tentativi di ridurre la religiosità dell'uomo a mera esigenza psicologico/esistenziale/sociale (si pensi a Feuerbach, Freud, Nietzsche, Marx) e di imprigionarne l'essenza in categorie funzionali di indagine, tutte queste teorie non hanno fatto altro che manifestare la loro inadeguatezza nel dare spiegazioni esaustive del perché della religiosità nell'uomo, e tutti questi pensatori, sostiene il Di Pilato, con le loro spiegazioni

> "non hanno quindi scalfito il concetto di *sacro* nelle loro società; al contrario, nel terzo Millennio dell'era cristiana, sembra che essi l'abbiano fatto salire a galla con più *pre-potenza*. Per questa ragione è ancora sensato, di fronte anche al riduzionismo positivistico in auge, partire dalla definizione a priori di *Numinoso*, che trae la sua ispirazione da R. Otto, per legittimare l'autonomia della religione, senza tralasciare, però, la dimensione storica dell'esperienza umana"[71].

C'è un ambito di mistero al cuore di ogni religione e che costituisce l'essenza profonda del fenomeno religioso in tutte le forme che esso assume all'interno dei diversi contesti culturali che rappresentano la storicità dell'uomo.

---

[69] V. DI PILATO, *Consegnati a Dio*, Città Nuova, Roma 2010, p. 15.
[70] *Ivi*, p. 16,17.
[71] V. DI PILATO, *Consegnati a Dio*, Città Nuova, Roma 2010, p. 17,18.

La religiosità, quindi, scaturisce, nell'uomo, da quella esperienza irrazionale del sacro, del *Numinoso*[72], come lo chiama il teologo Otto, dall'esperienza, cioè, di quel mistero che l'uomo percepisce intorno a sé, che lo spaventa e lo affascina al tempo stesso, di cui l'uomo sente la presenza come qualcosa che è altro da sé ma che nel contempo è parte di sé.

Questa emozione irrazionale che l'uomo ha da sempre sperimentato sottoforma di esperienze *numinose*[73], e che fonda la religiosità e del singolo e di un gruppo di persone, viene storicamente incanalata in una qualche tradizione religiosa, cioè una sorta di *deposito* fatto di rituali, libri, luoghi sacri e persino funzionari sacri, in cui l'esperienza straordinaria e potremmo dire evanescente, assume un carattere oggettivo, viene interpretata ed acquisisce un senso.

Ogni *tradizione* religiosa è una memoria collettiva, una sorta di *album di fotografie in cui vengono ordinatamente collocati ricordi e immagini che appartengono a un certo gruppo sociale.*[74]

Attraverso un processo di *istituzionalizzazione*, poi, l'esperienza primaria del sacro si oggettivizza in una tradizione che, fissandone i simboli, i segni, le invocazioni, le credenze, i precetti ecc., la preserva nel tempo e la mette a disposizione di tutti, anche di chi tale esperienza non l'ha mai vissuta. Quello dell'istituzionalizzazione è, in definitiva, il processo che stabilisce un rapporto tra l'originario irrazionale e la sua razionalizzazione.

La religiosità si trasforma , così, in una *istituzione religiosa* che, al pari di ogni altra istituzione sociale, è concreta, dura nel tempo e, grazie alla sua autorità morale e al potere coercitivo che è in grado di esercitare, funziona e sopravvive

---

72 *Numinóso* agg. e s. m. [dal ted. numinos, der. del lat. numen -mĭnis «nume»] è un termine coniato dal teologo tedesco Rudolf Otto (nella sua opera *Das Heilige,* «Il Sacro», 1917) e da lui introdotto nella filosofia e nella storia delle religioni per indicare l'esperienza peculiare, extra-razionale, di una presenza invisibile, maestosa, potente, che ispira terrore ed attira: tale esperienza costituirebbe l'elemento essenziale del «sacro» e la fonte di ogni atteggiamento religioso dell'umanità. In www.treccani.it/ vocabolario/numinoso, ultimo accesso del 28/01/2017.

73 Su come definire la religiosità, si veda anche P. FARINA, *Dire l'uomo, dire di Dio, Corso breve di Antropologia Teologica*, Etet , Andria 2013, p.13, 14.

74 R. MARCHISIO, *Religione e Religiosità*, Carocci, Roma 2002, p. 38.

influenzando e condizionando la vita dei singoli individui.[75] Come ulteriormente sintetizza il sociologo Silvano Burgalassi:

> "La scomparsa del sacro significherebbe la scomparsa dell'uomo e non la semplice sparizione storica di una costruzione culturale (Chiesa). Dunque, una distinzione fondamentale va stabilita tra tre eventi: la religiosità di chiesa, importante, specifico fenomeno, costruitosi nella tarda esperienza della cultura contadina; la religione come fenomeno sociale indistinto e sempre presente; il sacro, ineliminabile fondamento valoriale della vita umana e sociale".[76]

Il sacro, quindi, per il Burgalassi, è il fondamento valoriale, che accomuna tutti gli uomini, di qualsiasi cultura e qualsiasi credo e in ogni tempo.

Questo spiega perché, al giorno d'oggi, in un'epoca nella quale la frammentarietà dell'esperienza religiosa, la labilità delle scelte ed il consumismo individualista frappongono seri ostacoli ad una esperienza religiosa collettiva, la religiosità tradizionale appaia sempre più ridotta, ma non eliminata, non la sostituisce il vuoto, ma c'è sempre una qualche altra realtà surrogata che la compensa e risponde a quel bisogno valoriale di fondo. La religione viene sostituita da religioni laiche, da ideologie, da una specie di religiosità diffusa, non monolitica, che però non sembra offrire quelle sicurezze collettive, di cui il medioevo cristiano ha costituito un esempio meraviglioso in tutti i campi dello spirito, dell'arte, della cultura e della vita[77].

Queste note che vedono alcune angolature della teologia e dell'antropologia in relazione alla religione non rendono, però, ragione della svolta che Toniolo imprime all'approccio sociologico come sociologo cristiano. In sintesi ci si riferirà ad alcune note di Gianfranco nel suo testo *Perché la sociologia*[78]. Dopo aver notato che in etimologico, il termine

---

[75] Cfr. R. MARCHISIO, *Religione e Religiosità*, Carocci, Roma 2002, p. 38, 39.

[76] S. BURGALASSI, *Passato e Futuro. Religiosità italiana e analisi sociologica*, cit., p. 290.

[77] Cfr. *Ivi*, p. 291.

[78] Cfr. G. MORRA, *Perché la sociologia*, Editrice La Scuola, Brescia 1986. Gianfranco Morra è stato docente di Sociologia dei processi culturali nell'Università di Bologna.

sociologia significa "studio della società" e che tale studio risale a tempi antichissimi (si veda, ad esempio, *La Repubblica* di Platone) Morra sottolinea che "tale *studio* era condotto in maniera assai diversa da quel metodo, che la scienza sociologica enuncerà nel XIX secolo"[79]. Morra sottolinea che "nei secoli che precedono l'Illuminismo, lo studio della società viene condotto da un punto di vista prevalentemente filosofico e normativo" e che, perciò, "più che di sociologia, si deve parlare di filosofia politica, di filosofia sociale o di filosofia della storia". La successiva affermazione apre la strada alla migliore comprensione dell'opera di Toniolo come "sociologo cristiano": *la società veniva studiata in riferimento ai supremi principi della religione e/o della metafisica* [80]. La sociologia, con il suo metodo, toglie il primato a teologia e metafisica. Così continua e conclude il prof. Morra spiegando il contesto storico in cui nasce la sociologia:

> "Appare, dunque, chiaro che la differenza tra la filosofia sociale e la sociologia non consiste tanto nell'oggetto, quanto piuttosto nel metodo. *La filosofia sociale studia la società da un punto di vista prevalentemente ideale e deontologico; la sociologia da un punto di vista empirico e fattuale.* Come dirà Comte, il sociologo deve enunciare delle leggi naturali invariabili, assumendo un atteggiamento di osservazione e di comprensione, non di valutazione o di progettazione.
> Questa svolta metodologica, che consente la nascita della sociologia come scienza, non è comprensibile senza il riferimento alla situazione storica in cui nasce la sociologia; più precisamente, senza il riferimento a tre grandiosi eventi dei secoli XVII e XVIII: la nascita della scienza moderna, il sorgere della civiltà industriale e il trionfo della rivoluzione francese. *La sociologia vuole essere la continuazione e il compimento della evoluzione delle scienze e della loro emancipazione dalla sudditanza alla religione e alla metafisica"*[81].

Questa è la situazione storica e culturale (derivata da Illuminismo e Positivismo) in cui si troverà il professor Giuseppe Toniolo[82].

---

[79] G. MORRA, *Perché la sociologia,* cit., p. 10.

[80] *Ibidem.* A tal proposito Morra afferma: "Platone, in tal senso, è l'autore più significativo, solo che si pensi che la sua opera più politica è, insieme, la sua opera più filosofica (la *Repubblica).* Platone studia la società, ma non è un sociologo".

[81] *Ibidem.*

[82] Sull'argomento, si veda in *Appendice Documentaria* il testo dell'interessante lezione di Sociologia tenuta da Toniolo nel 1909 (*Appunti di lezioni di Sociologia tenute dal Prof. G. Toniolo nel Seminario di Pisa (anno 1909). Lezione I,* in S. BURGALASSI, *"Passato e Futuro. Religiosità italiana e analisi sociologica"*, Ets, Pisa 1992, p. 200-205).

2. Toniolo, cantore "poetico" della sociologia

L'opera del Toniolo è così vasta e poliedrica[83] e il campo dei suoi interessi spazia in così tante e molteplici direzioni,[84] che voler indagare il suo pensiero attraverso una indagine a tutto campo tra le righe dei suoi scritti richiederebbe ben altre sedi di ricerca e risulterebbe davvero arduo in questo contesto.

È senza alcuna pretesa , quindi , né di completezza , né di esaustività, che desidero, con questa mia ricerca, far emergere e sottolineare alcune delle caratteristiche più incisive del pensiero del professore Toniolo, richiamare quelle riflessioni peculiari che lo hanno reso un personaggio degno di memoria storica per originalità di idee e forza di convinzioni, andando alla ricerca soprattutto di quello che può essere considerato il pensiero del Toniolo "sociologo", al fine di scoprire il suo contributo alla disciplina scientifica della *sociologia della religione*.

Va detto innanzitutto che, nel periodo in cui il Toniolo visse, cioè negli anni a cavallo tra la fine dell'Ottocento e i primi del Novecento, la *sociologia della religione* non si era ancora imposta come disciplina autonoma e riconosciuta e

---

83 Giuseppe Toniolo, nell'arco della sua vita, produsse più di duecento testi, tra monografie e saggi, e oltre ottanta tra recensioni, introduzioni e prefazioni. Il *Comitato Opera Omnia* ha effettuato una classificazione degli scritti secondo raggruppamenti tematici. L'*Opera Omnia di G. Toniolo*, redatta tra il 1947 ed il 1953, si compone di 20 volumi raggruppati per argomenti in sei serie: 1. Scritti storici; 2. Economia e statistica; 3. Sociologia e problemi sociali contemporanei; 4. Iniziative sociali; 5. Scritti vari; 6. Epistolario. (Cfr. E. PREZIOSI, *Giuseppe Toniolo.* cit. p.299).

84 Di questa vastità di interessi del Toniolo dà la motivazione mons. Sorrentino quando lo descrive come uomo la cui intelligenza era "spinta dalla sua dinamica interna a porsi i problemi in modo attento, penetrante, e sistematico. [...] Lo spiccato bisogno di sapere che animava il Toniolo emerge significativamente dal suo Diario spirituale [...] Illuminante, ad esempio, il fatto che egli riconoscesse in sé, percependolo come problema anche spirituale, una tendenza enciclopedica che poteva nuocere alla profondità dei suoi studi. Tendenza che emerge effettivamente quando si leggono le sue opere, dove si resta colpiti dall'ampiezza delle sintesi che opera nei vari ambiti del sapere di suo interesse, corredando le affermazioni con nutriti grappoli di riferimenti probativi e citazioni, ma spesso in modo generico, appena evocativo, tradendo così la vastità ma forse anche la rapidità delle sue letture. L'impressione resta confermata quando si prendono tra le mani le sue carte ed appunti conservati alla Biblioteca Apostolica Vaticana: interessi ampi, annotazioni da molti libri, appunti rapidi, su quadernetti o fogli sparsi. [...] Nel caso del Toniolo affiora la tendenza alle sintesi "a priori" che si disegnano nella sua intelligenza creativa col lampo dell'intuizione, e vanno poi alla ricerca di appoggi nel mare magnum della produzione scientifica".(D. SORRENTINO, *Giuseppe Toniolo: Spiritualità e Cultura,* cit.).

che la sociologia stessa, nel cui alveo essa si è sviluppata[85], muoveva allora i suoi primi passi.[86] Infatti, sebbene le teorie che per la prima volta nella storia del pensiero umano si sono autodefinite *sociologiche* possono farsi risalire agli inizi del XIX secolo, tuttavia le elaborazioni teoriche in questo campo di indagine si intensificarono ed affinarono negli anni successivi, sotto l'influenza della piega che lo sviluppo della società aveva preso, il quale era ancorato allo specifico periodo storico e sociale dell'inizio della modernità.[87]

---

[85] La sociologia della religione non è nata come ramo particolare della scienza della religione, bensì in seno alla sociologia stessa . Il concetto acquistò un suo preciso significato con la pubblicazione nel 1920-1921 di alcuni saggi di Weber, in cui il sociologo tedesco aveva messo in luce il nesso tra ethos capitalistico ed etica protestante, esplorando altresì le connessioni tra le grandi religioni mondiali, la vita economica e la stratificazione sociale. La morte prematura impedì a Weber di realizzare il suo progetto di colmare le lacune dell'opera sviluppando una *sociologia della religione* organica e sistematica. La sociologia della religione si propone di ricercare e analizzare luoghi e funzioni delle religioni nelle società moderne. (Cfr. H. G. KIPPENBERG, *Enciclopedia delle scienze sociali, religione,* in www.treccani.it/enciclopedia/ religione_(Enciclopedia-delle-scienze-sociali)/. Ultimo accesso il 15 marzo2017).

[86] Come sostiene il prof. M. A. Toscano dell'Università di Pisa, la sociologia italiana delle origini, nei primi cinquant'anni dall'Unità, fu una *sociologia della sociologia*, cioè una sociologia intenta ad autodefinirsi, in continua ricerca di un suo oggetto specifico e di un suo statuto epistemologico. Nata sotto la spinta del pensiero *positivista* e avente come autentici vati Comte e Spencer, la sociologia di quegli anni si poneva in un rapporto fortemente critico nei confronti dell'idealismo e dello spiritualismo ancora diffusi nei pensatori dell'epoca. Nelle Università veniva negato il riconoscimento della sociologia come disciplina insegnabile in quanto si negava ad essa la raggiunta maturità e la stabilità epistemologica. Sebbene sollecitati dalla situazione storica di quegli anni, ricchi di contrasti e di conflitti, i sociologi di allora, nei loro poderosi elaborati, non riuscirono a dare forma di scienza autonoma alla loro disciplina, confluendo in sede teorica nella filosofia e, in quanto al metodo, nella biologia e nelle scienze naturali, non riuscendo così a dare un legame scientificamente efficace ai risultati delle loro ricerche. Negli anni tra il 1890 e il 1905 emerse maggiormente l'*inclinazione sociologica* italiana, sollecitata dall'annosa *questione sociale.* Ma non fu propriamente la sociologia, istituzionalmente quasi inesistente, a cercare risposte e soluzioni a questo problema, quanto piuttosto la cultura positivistica accademica che ricercava nel sapere scientifico le soluzioni alle problematiche della vita reale, anziché riflettere sulla situazione storico-pratica della società. Secondo il professor Toscano, la difficoltà di riflettere sulla situazione in cui versava la società italiana in quegli anni era data principalmente dalla mancanza di una idea e di una esperienza reale di *società* che si stava solo allora consolidando nel passaggio alla modernità, ma di cui i nostri sociologi non avevano chiaro il concetto. Essi parlavano di *società* ma concettualmente non la distinguevano dalla *comunità* a cui loro facevano erroneamente riferimento, quasi fosse una loro *infrastruttura della mente*. La comunità fa riferimento ad una società ristretta all'ambito di un comune, con tutti quei legami che generano un senso di sicurezza e stabilità che nella società moderna si andavano dissolvendo. E però, nei sociologi italiani di quel tempo, la cultura comunitaria continuò ad essere presente in profondità, confortata dal passato, dalle antiche potestà, da interessi consolidati e dalla letteratura positivista o verista; *di moderno vi fu quasi solo la paura del moderno.* (Cfr. M.A. TOSCANO, *Società e Sociologia in Italia. Per una lettura critica tra storia e cronaca*; in A. MAGNIER e G. VICARELLI (Edd), "Mosaico Italia. Lo stato del Paese agli inizi del XXI secolo", Franco Angeli, Milano 2010, p. 15-18).

[87] Il prof. Gennaro Iorio, sociologo e membro del Consiglio direttivo dell'Associazione italiana di sociologia, sottolinea come la "scoperta della società", fatta dai sociologi, sia coincisa con l'individuazione di nuove pratiche e nuove relazioni sociali nella nascente società moderna. Egli chiarisce che, sebbene la sociologia sia forse l'unica scienza per cui è possibile scrivere l'anno di

La sociologia, ai suoi albori, quasi provocata dalle ingiustizie sociali che si rendevano sempre più manifeste, si connotò proprio come studio critico delle dottrine politiche ed economiche che guidavano la società travagliata dell'Ottocento, infatti così spiega il sociologo Gennaro Iorio:

> "Nel corso del suo sviluppo storico, la sociologia ha mostrato interesse per le condizioni delle classi inferiori della società: la miseria, il lavoro, la casa, la salute, la criminalità, i rapporti etnici [...]. Il periodo classico della sociologia è coinciso con lo sviluppo di una critica dell'economia politica e con un tentativo di affrontare i problemi posti dalla questione sociale".[88]

Pertanto il Toniolo, docente proprio di quella Economia politica posta sotto i riflettori dall'indagine sociologica, può essere considerato, a ragione, un sociologo da questo punto di vista, poiché egli , fin dalla sua prolusione del 1873 sul tema *Dell'elemento etico quale fattore intrinseco delle leggi economiche*

---

nascita ufficiale con precisione, e cioè il 1838 quando nel *XLVII Corso di filosofia positiva* Auguste Comte (1798-1857) ne coniò il termine, non va dimenticato che la sociologia è storicamente collocata in un'epoca post-rivoluzionaria. Infatti in Francia la sociologia è introdotta da Comte e Saint-Simon negli anni della restaurazione borbonica, in Inghilterra gli studi di Spencer sono successivi non soltanto alla rivoluzione del 1688, ma anche alla riforma parlamentare del 1832 e all'abrogazione delle leggi sul grano, e in Germania, Italia e Stati Uniti la sociologia si istituzionalizza molto dopo gli eventi decisivi della rivoluzione borghese. Non è dunque un caso che l'emergere di una nuova scienza della società sia stato concomitante con i rivolgimenti sociali. Inoltre la sociologia non costituiva la prima applicazione del metodo scientifico alla convivenza sociale: *l'economia politica* aveva raggiunto la sua fase classica un secolo prima della nascita della sociologia e, prima ancora, Hobbes (1588-1679) e Montesquieu (1689-1755) avevano già cercato di analizzare la società con i metodi delle scienze naturali. Ma il professor Iorio precisa che al centro degli interessi della sociologia troviamo i problemi della "questione sociale", la quale ebbe enorme importanza nel processo di istituzionalizzazione della sociologia come disciplina ufficialmente riconosciuta. Dunque la sociologia nasce rinnovando la teoria politica, sotto la spinta della "rivoluzione francese" e si consolida come critica dei rivolgimenti da imputare alla "rivoluzione industriale", reagendo, negli ultimi venticinque anni del secolo XIX, contro il carattere individualista-utilitaristico dell'economia liberale ortodossa basata sui principi del *laissez-faire*. Con gli inizi dell'industrializzazione era nata di fatto una nuova forza sociale, quale era appunto la borghesia e una nuova società fondata su relazioni e pratiche sociali nuove. La sociologia classica dunque ha per oggetto di analisi la scoperta dei nuovi rapporti sociali e dei nuovi comportamenti che nascono con la modernità. I sociologi del periodo classico, nell'elaborare la loro scoperta scientifica, sono impegnati a rispondere alle problematiche poste dalla questione sociale e lo fanno dal punto di vista culturale, criticando l'economia politica, nella sua versione liberale, e la filosofia giusnaturalistica.(Cfr. G. IORIO, *La nascita della sociologia e la relazione sociale*, convegno 2005, in www.social-one.org/it/convegni/2-convegno-2005/12-la-nascita-della-sociologia-e-la-relazione-socialeht ml, ultimo accesso il 2 marzo 2017)

[88] G. IORIO, *La nascita della sociologia e la relazione sociale*, convegno 2005. In : http://www.social-one.org/it/convegni/2-convegno-2005/12-la-nascita-della-sociologia-e-la-relazione-sociale.html, ultimo accesso il 2 marzo 2017.

sollevò delle critiche alle dottrine economico-politiche del suo tempo,[89] che, subendo l'influsso positivista, avevano creduto di non aver bisogno di confrontarsi con l'etica. L'idea di fondo degli economisti di quell'epoca era che vi fosse un unico principio alla base delle dinamiche della società economica e di ogni attività dell'uomo, e che esso fosse da rinvenirsi nell'interesse personale, quale motivazione del principio edonistico del massimo tornaconto con il minimo sforzo.[90]

Il Toniolo ebbe una posizione critica nei confronti di questa visione dell'agire economico e sociale dell'uomo, presupponendo una diversa antropologia che riconoscesse alla natura umana una *propria dignità morale*, una maggiore complessità, un'antropologia che ritenesse l'uomo spinto non soltanto dal *cosa è utile* ottenere, ma anche dal *cosa è bene* ottenere; cioè il Toniolo riconosce all'uomo più nobili impulsi dell'animo, e una coscienza alle cui istanze l'agire umano sarebbe primariamente subordinato. Come meglio spiega il Vistalli:

> "Egli lealmente riconosce che a lato del principio dell'*utile*, v'ha immanente nell'uomo quello del *buono* e dell'*onesto*, figlio dello spontaneo riconoscimento d'una *legge morale*. Onde la coscienza del dovere, centro propulsore di tutte le tendenze della natura immateriale, sovrastanti per eccellenza a quelle del piacere e dell'utile materiale, che sono capaci di infrenare e all'uopo anche di farle tacere".[91]

L'agire sociale e in particolare l'azione economica dell'uomo, per il Toniolo, non è qualcosa di meccanicisticamente determinato dal solo principio dell'utile, come la mentalità positivista della sua epoca voleva far credere, ma l'uomo è tale perché ha una coscienza nella quale regna la legge morale, opera

---

[89] Il Toniolo non misconosce la validità del principio che considera l'interesse individuale "uno degli impulsi massimi dell'umana operosità", ma respinge inequivocabilmente l'idea che esso possa costituirne "l'unico motore"; ribadisce, al contrario, la fondamentale importanza dello spirito religioso, mentre, [...] chiarisce come "niuno più efficacemente concorra" a ben indirizzare le leggi economiche, "quanto la coscienza della *propria dignità morale*". Passa poi a considerare il problema dal punto di vista della "socievolezza", che, allargandosi a forme di solidarietà universale, reagisce all'egoismo.(P. PECORARI, *Ketteler e Toniolo, tipologie sociali del movimento cattolico in Europa*, Città Nuova, Roma 1977, p. 50).

[90] Cfr. F. VISTALLI, *Giuseppe Toniolo*, cit., p. 55, 56.

[91] *Ivi*, p. 56, 57.

della Sapienza divina, che prescrive all'uomo le norme di condotta indirizzate al bene.[92]

Toniolo fu dunque un sociologo a tutti gli effetti, anche quando la sua attività di studioso e di promotore delle attività dei cattolici non erano intenzionalmente rivolte alle scienze sociologiche, in quanto egli si occupò a tutto campo delle problematiche sociali, dando la sua interpretazione alle trasformazioni della società del suo tempo e suggerendo vie per riformarla.[93] Fu un sociologo mosso da fervente fede cristiana e proprio per questo subordinò ogni sua azione ed ogni suo intervento alla morale cristiana, convinto del fatto che in ogni campo del conoscere e del vivere umano, il fine ultimo *non è il vero ma il bene*, e riteneva che lo stato di crisi in cui versava la società fosse la conseguenza della deviazione da quello che era l'ordine voluto dalla Provvidenza divina, infatti egli così scrive nel delineare il significato della *crisi sociale*:

> "Intendesi per *crisi sociale*: «*uno stato di sofferenza della società conseguente ad un disordine nei rapporti essenziali di essa e tale da comprometterne l'esistenza*». L'analisi di questo concetto complesso designa alcune idee elementari che meglio ne definiscono il contenuto e i limiti: crisi sociale importa in primo luogo l'idea di una *deviazione dall'ordine razionale e provvidenziale* della società, a cui è connesso il conseguimento del comune benessere, deviazione che pertanto, si traduce nel malessere; il quale malessere [...] si estende in vario grado a tutte le relazioni sociali: *religiose, morali-civili,*

---

92 In questo suo modo di pensare, il Toniolo può essere considerato un anticipatore di alcuni principi sanciti dal Concilio Vaticano II; infatti il suo pensiero risulta in perfetta sintonia con quanto possiamo leggere nella Dichiarazione *Dignitatis Humanae*: "norma suprema della vita umana è la legge divina, eterna, oggettiva e universale, per mezzo della quale Dio con sapienza e amore ordina, dirige e governa l'universo e le vie della comunità umana" (DH 3), ed anche, a proposito della coscienza, nella Costituzione pastorale *Gaudium et Spes* al n. 16: "Nell'intimo della coscienza l'uomo scopre una legge che non è lui a darsi, ma alla quale invece deve obbedire. Questa voce, che lo chiama sempre ad amare, a fare il bene e a fuggire il male, al momento opportuno risuona nell'intimità del cuore: fa questo, evita quest'altro. L'uomo ha in realtà una legge scritta da Dio dentro al cuore; obbedire è la dignità stessa dell'uomo, e secondo questa egli sarà giudicato" (GS 16).

93 Il presupposto del progetto riformista del Toniolo è che l'economia e tutto l'assetto sociale che essa comporta, non può prescindere dalle esigenze della morale, se vuole essere a servizio dell'uomo. Egli combatté con tutte le sue forze l'idea, sostenuta dalla cultura liberale, che l'economia deve essere libera da preoccupazioni etiche [...]. Questo contenuto etico egli lo identificò sempre con la morale cattolica, da qui la sua convinzione che l'unica riforma efficace consisteva nel restaurare l'ordine sociale cattolico che la riforma protestante prima, e poi lo sviluppo della cultura moderna, la Rivoluzione francese e infine il socialismo di Marx avevano cancellato. La ferma convinzione che solamente la sottomissione dell'attività economica ai dettami della morale cristiana avrebbe risanato i mali della società, è stata l'idea che guidò tutta la sua attività di studioso e di riformatore sociale.(G. MORET,*Toniolo, riformatore sociale cattolico.* in "L'Azione", settimanale della Diocesi di Vittorio Veneto, 22 gennaio 2012).

politiche-economiche; [...] Si comprende pertanto che lo studio delle crisi sociali appartiene massimamente alla *sociologia*, salvo che le altre scienze, come l'economia, ne considerino più particolarmente l'aspetto proprio della rispettiva competenza, senza però smarrire giammai questa comprensione più ampia e completa".[94]

Per il Toniolo oggetto specifico della sociologia è quindi lo studio delle crisi sociali. La suddetta definizione di *crisi sociale* faceva parte di un lavoro che il Toniolo pubblicò per la prima volta nella *Rivista internazionale di scienze sociali e discipline ausiliarie* nel 1899,[95] a dieci anni dalla fondazione dell' *Unione Cattolica per gli Studi Sociali* (1889) da lui stesso promossa e realizzata. Ma già in precedenza, il Nostro aveva delineato l'impronta che la *sociologia cristiana* intendeva dare ai suoi studi durante il primo Congresso Cattolico Italiano degli Studiosi di Scienze Sociali, del 1893; da tale Congresso scaturì il documento dal titolo: *Ragioni, intendimenti e criteri di un primo congresso per le scienze sociali in Italia*, riportato negli Atti di tale adunanza. Esso fu considerato un *autentico manifesto della sociologia cristiana*[96], punto costante di riferimento per l'intero filone delle successive elaborazioni. In esso il Toniolo chiariva la configurazione della sociologia cattolica sulla base dell'obiettivo culturale cui essa mirava, in posizioni decisamente alternative rispetto alle idee positiviste dominanti.[97] Nelle parole di Giuseppe Toniolo, che si può quindi ritenere fondatore della sociologia cattolica, questa disciplina si presentava come caratterizzata da un orientamento *da contrapporsi alla sociologia positivistica*

---

[94] G. TONIOLO, *Il socialismo nella storia della civiltà. Linee direttive*, in P. PECORARI, "Ketteler e Toniolo, tipologie sociali del Movimento Cattolico in Europa", Città Nuova, Roma 1977, p. 225, 226.

[95] P. PECORARI, *Ketteler e Toniolo...*, cit., p. 225.

[96] M. M. BURGALASSI, *Itinerari di una scienza. La sociologia in Italia tra Otto e Novecento*, Franco Angeli, Milano 1996, p. 121.

[97] Così spiega, citando il Toniolo, il prof. Marco M. Burgalassi, in un suo noto saggio sulla sociologia in Italia tra Otto e Novecento: "I temi ricorrenti nelle elaborazioni dell'orientamento disciplinare d'ispirazione cristiana erano la libertà individuale (connessa alla dignità soprannaturale dell'uomo), la centralità sociale della famiglia come *vera società naturale* [...] la società era concepita come *moltitudine di persone coordinata ad un fine comune da ottenersi con mezzi comuni, per forza morale obbligatoria, sotto l'indirizzo e l'impulso di una comune autorità*. L'impronta che alla trattazione delle questioni sociali era data si evidenziava pertanto in termini normativi, e il *dover essere* della fede dominava completamente l'*essere* della scienza.[...]. Ancorché tendenzialmente oggettivistica – intendendo usufruire della storia e della statistica come di discipline ausiliarie – essa veniva in effetti considerata scienza *subordinata alla morale*". (M. M. BURGALASSI, *Itinerari di una scienza,* cit., p. 122).

[che] *vuol mettere il sacrario della scienza in un tempio ove non giunga eco di Dio, di anima umana, di libero arbitrio.*[98]

Toniolo fu dunque uno dei padri della sociologia cristiana; la sua può essere definita, in base ad una nota distinzione che ne dà lo Scarvaglieri,[99] una *sociologia religiosa* e non ancora una vera e propria *sociologia della religione*, tanto più che connotata dai limiti di un approccio metodologico che parte da una *prospettiva apologetica*[100], tendente a mostrare la rispondenza alle attese personali o collettive e quindi arrivare alla credibilità della religione, cosa che rende, secondo lo Scarvaglieri, tale impostazione non propriamente scientifica.

Infatti era convinzione profonda del Toniolo che il miglioramento sociale non potesse avvenire se non restaurando l'*ordine sociale cristiano*, l'unico valido. Egli infatti partecipava di quella visione del rapporto della Chiesa con il mondo, secondo cui la Chiesa rimaneva polemicamente in opposizione con il mondo plasmato dalla modernità[101] e il miglioramento sociale non poteva avvenire se non attraverso un ritorno di questo mondo moderno sotto il suo manto. Solo la Chiesa possedeva la soluzione definitiva dei problemi sociali.[102]

---

[98] G. TONIOLO, *Ragioni, intendimenti e criteri di un primo congresso per le scienze sociali in Italia*, in "Atti del I Congresso Cattolico Italiano degli Studiosi di Scienze Sociali", citato in M. M. BURGALASSI, "Itinerari di una scienza", cit., p. 121.

[99] Il sociologo Giuseppe Scarvaglieri sottolinea che, sebbene le due espressioni *sociologia religiosa* e *sociologia della religione* indichino, sul piano linguistico, la stessa realtà, tuttavia sussiste, tra le due, una certa differenza di contenuti, specialmente dal punto di vista storico. Infatti egli definisce *Sociologia della religione* lo "studio empirico di fenomeni religiosi nei loro aspetti, presupposti, prospettive, e manifestazioni concrete sia individuali che collettive, attuato con la metodologia propria delle scienze empiriche, in altre parole, la religione come fenomeno sociale e culturale"; mentre la *Sociologia religiosa* viene definita come "studio empirico dei fenomeni religiosi ispirata dalla fede determinata (normalmente la fede cristiana) per una migliore intelligibilità del mistero divino e dell'azione di Dio nell'uomo e come strumento della pastorale". (Cfr. G. SCARVAGLIERI, *Sociologia della religione*, Pontificia Università Gregoriana, Roma 2005, p. 61, 62.)

[100] Cfr. G. SCARVAGLIERI, *Sociologia della religione*, cit., p. 16.

[101] Per Toniolo la modernità rappresenta uno "stato morboso" della società civile, rinvenendo la sua patologia in quattro punti, che egli annotò durante il primo Convegno fondativo dell'Unione Cattolica di studi sociali a Padova nel 1889: 1. Nel *divorzio* delle scienze e in particolare di quelle sociali ed economiche dal *vero soprannaturale rivelato*; 2. Nella distruzione degli *istituti fondamentali dell'organismo sociale cristiano*; 3. Nella perdita del *compito conservatore e diretto delle classi superiori*; 4. *Nell'inceppamento della suprema azione interiore ed esteriore della Chiesa nel mondo.* (cfr. F. VISTALLI, *Giuseppe Toniolo*, cit., p. 302)

[102] Cfr. G. MORET, *Toniolo e l'Opera dei Congressi*, cit..

Il Toniolo riconobbe alla religione e all'etica cristiana una virtù vivificatrice anche sul piano sociale, oltre che sul piano dell'edificazione personale e per questo si spese con somma dedizione al suo progetto di riordinare l'assetto sociale in modo che fosse più giusto e attento alle classi più disagiate, con la stessa assiduità con cui perseguì la volontà di santificare la sua esistenza.

Se quindi, come si è visto, il professore trevigiano mostrò, in tutta la sua attività, uno spiccato atteggiamento che può essere considerato *da sociologo*, a maggior ragione egli fu sociologo allorché si dedicò intenzionalmente a questa disciplina come scienza.

Sebbene egli non abbia lasciato un vero e proprio trattato sistematico di sociologia, tuttavia egli, nel tracciare le linee guida di quella che chiamava la *scienza dell'incivilimento*, fu per la successiva sociologia cristiana, il *cantore poetico*, come ebbe a dire padre Agostino Gemelli parlando del Toniolo.

Toniolo si manifesta un vero sociologo trattando i temi storici della floridezza economica della repubblica fiorentina nell'età di mezzo e trattando della subordinazione della statistica e della storia alla sociologia, inoltre egli insegnò espressamente sociologia sia al Seminario Maggiore di Milano (1906), sia in quelli di Genova e Pisa (tra il 1906 e il 1909), ma anche nei suoi corsi accademici di economia politica e di statistica il riferimento alla sociologia era continuo.[103]

Egli si occupò di studiare gli sviluppi e i risultati della sociologia del suo tempo nell'intento di addurre prove al suo convincimento di fondo che era quello dell'esistenza di un nesso inscindibile tra la religione cristiana e il progresso civile. In questa sua convinzione ebbe anche l'avvallo degli studi di un noto sociologo del tempo, l'inglese Benjamin Kidd.[104]

---

[103] Cfr. S. BURGALASSI, *Passato e Futuro. Religiosità italiana e analisi sociologica*, Ets, Pisa 1992, p. 195.

[104] Benjamin Kidd (1858-1916) è stato un sociologo inglese seguace dell'evoluzionismo. La sua opera principale, *Social evolution* (1894), è una singolare contaminazione di fede positivistica e di fede religiosa. In tale scritto Kidd sosteneva che l'evoluzione della società e della civiltà moderna è causata non dalla ragione o dalla scienza, ma dalla forza da lui definita *religious beliefs*, ossia del fattore religioso. (Cfr. www.treccani.it/enciclopedia/benjamin-kidd/).

Toniolo si dedicò all'analisi del pensiero del sociologo Herbert Spencer, iniziatore della sociologia evoluzionistica, secondo le cui idee era possibile trasporre le teorie evoluzionistiche di Darwin al campo della società umana, e lo commentò criticamente, sul piano politico, economico, filosofico e morale nel suo scritto intitolato *Herbert Spencer nelle scuole sociologiche contemporanee* del 1904. Il professore dell'ateneo pisano non accettava l'idea di una sociologia che fosse soltanto biologica, meccanica, atea, e per questo imputava al pensiero razionalista e al determinismo di Spencer la mancanza di un elemento compaginante, che tutto ordina e guida e che per Toniolo non poteva che essere la Provvidenza divina, oltre alla mancanza di un riconoscimento dell'indispensabile utilità della morale cristiana, senza la quale la società, lasciata alle libere iniziative individuali, indirizzate soltanto dagli interessi soggettivi e privi di un ideale superiore, sarebbe destinata all'imbarbarimento.[105]

Per il Toniolo la sociologia era da intendersi come una scienza di sintesi che, attraverso l'analisi dei vari fattori che intervengono nella società, giungesse ad elaborare una legge generale capace di descrivere il cammino della società verso l'*incivilimento*, termine con il quale intendeva designare

> "il cammino progressivo del genere umano verso l'acquisto della civiltà, che esprime la partecipazione, nel più alto grado possibile, al bene essenzialmente morale coordinato a quello supremo ultramondano, in cui è perfezione e felicità, nonché ai beni subordinati che lo preparano ed avvalorano".[106]

Egli aveva un'idea della sociologia che fosse una scienza sociale nuova per oggetto, metodo e fine e capace di fungere da guida per ogni ulteriore progresso dell'uomo; una sociologia il cui fine fosse quello di presentare in sintesi le leggi dell'incivilimento, frutto della somma dei vari fattori che lo producono, quali il progresso biologico, demografico, economico, politico, etico e religioso dell'umanità; una sociologia il cui oggetto fosse appunto *il progresso*, il quale si esplica soltanto secondo quella che è per il Toniolo, la *legge sociologica* di

[105] Per gli studi del Toniolo su Herbert Spencer cfr. F. VISTALLI, *Giuseppe Toniolo*, cit., p. 664-669.
[106] La citazione è in F. VISTALLI, *Giuseppe Toniolo*, cit., p. 663.

fondo, secondo cui "dapprima esso si volge, si accumula, si aderge per merito e a favore dei pochi e più eletti; di poi si irradia, si compartecipa, ed espande a beneficio dei più umili e numerosi". [107]

Il progresso sociale, per il Toniolo, si ha soltanto se, con un atto positivo della volontà e osservando la legge morale, i più eletti rendono partecipi del progresso le masse numerose; solo così quello che è un miglioramento della condizione soggettiva di pochi, lungi dal rimanere un bene connotato da egoismo e arbitrio, si traduce in progresso dell'intera società.

Alla base della sua idea di sociologia vi era un convincimento profondo: *essere la religione il fatto determinante dell'incivilimento.*[108] Attraverso la sua sociologia, Toniolo invita i cristiani a considerare un aspetto della religione "che per secoli era rimasto offuscato fra i credenti, cioè il suo valore sociale-civile".[109] Secondo il professore trevigiano il cristianesimo, con il suo irrompere nel mondo, avrebbe irradiato nella società quelle disposizioni dottrinali e morali in grado di dare all'ordine sociale una nuova piega e di indirizzarlo verso lo sviluppo della civiltà. Questa deduzione la trasse dai suoi studi storici che, abbinati ai riscontri statistici, attestavano il suo assunto, e costituisce un pò il sunto di un altro suo scritto a carattere sociologico: *Problemi ed ammaestramenti sociali dell'età costantiniana*, che fu oggetto di una conferenza tenutasi a Roma nel 1913 in occasione della *Commemorazione centenaria Costantiniana*, e in cui il professore giungeva alla conclusione che Costantino fosse stato lo strumento nelle mani della Provvidenza per il rinnovamento sociale della civiltà antica e per una palingenesi dell'uomo.[110]

Il nesso tra storia e sociologia è fondamentale per Giuseppe Toniolo, e lo si evince, tra l'altro, dalle motivazioni del legame tra le due scienze, che egli adduce nel saggio *Della storia come disciplina ausiliare delle scienze sociali*,

---

[107] F. VISTALLI, *Giuseppe Toniolo*, cit. p. 672.
[108] *Ivi*, p. 669.
[109] G. TONIOLO, *L'odierno problema sociologico*, Libreria Editrice Fiorentina, Firenze 1905, p. 76.
[110] Cfr. F. VISTALLI, *Giuseppe Toniolo*, cit., p. 673-677.

indicando, tra gli apporti che la prima scienza dà alla seconda, non soltanto tutto ciò che attiene la storia della cultura e dei fattori economici nel progresso sociale dei popoli, ma soprattutto il ruolo più generale e onnicomprensivo che ha la storia di raccogliere i "fatti", da cui poi la sociologia deve astrarre le leggi dell'*incivilimento.*[111]

Accanto alla storia, il Toniolo considera altresì disciplina connessa con la sociologia la Statistica, disciplina che insegnò per quarant'anni, insieme all'Economia Politica, nell'Università di Pisa. Ne utilizzerà le numerose indicazioni, specie quelle dedotte dagli indicatori demografici, per dare un avvallo positivo al processo sociale dell'incivilimento. La statistica serviva a fornire dati attendibili sui quali la sociologia, avrebbe effettuato le sue riflessioni di fondo. In questo modo la sociologia del Toniolo si pone come una scienza dai connotati nuovi rispetto alle altre scienze positive del suo tempo: una scienza attenta al dato positivo ma non positivista, riguardosa del dato empirico ma ancor di più degli aspetti morali e qualitativi, oggetti specifici e non quantificabili della scienza sociale.

L'opera del professore di Pisa che, in maniera più ampia e completa, sintetizza il suo pensiero in merito alla sociologia è *L'odierno problema sociologico* del 1902, in cui è possibile rinvenire tutte le caratteristiche della sociologia toniolana fin qui esposte con l'aggiunta di una conclusione che consiste, in estrema sintesi, nel collocare Dio al vertice di tutto lo scibile umano.

La tesi di fondo, che Toniolo sviluppa a questo riguardo, è che la religione, lungi dal rappresentare un ostacolo al progredire della scienza, ne costituisce una molla efficace di sviluppo. Per lui, infatti, collocare Dio al vertice del sapere, in quanto autore primo e universale del *vero* scientifico, incrementa e potenzia le capacità e dilata le menti. Volgendo lo sguardo al sovrannaturale, lo scienziato si apre a più vaste possibilità di indagine che vanno ben oltre i limiti

---

[111] Cfr. P. PECORARI, *Economia e Riformismo nell'Italia liberale. Studi su Giuseppe Toniolo e Luigi Luzzatti*, Jaca Book, Milano 1986, p. 86.

del tangibile e in questo modo tutte le scienze acquisiscono la capacità di fare sintesi in Dio fonte suprema del sapere[112].

Non si deve però pensare, a questo punto, che gli studi scientifici condotti dal Toniolo, nella sociologia come in tutti i vari campi di suo interesse, siano stati "inficiati" da questo assunto di fondo e in qualche modo invalidati da una forma di tendenziosità forzata; nulla di tutto questo, infatti, come dichiara Elena da Persico, nobile e impegnata amica e collaboratrice di Toniolo che, tracciandone la biografia, così assicura:

> "Nel campo della scienza lo scienziato era realmente, interamente, lealmente scienziato, senza alcuna preoccupazione derivante dalla sua fede. L'intima convinzione che la fede e la scienza non possono mai essere in conflitto, perché un vero non può contrastare un altro vero, non condusse mai Toniolo a forzare il loro abbraccio nel campo delle sue ricerche, ma gli diede anzi il passo più sicuro, più franco e sereno, più libero, da ogni preoccupazione".[113]

[112] Cfr. F. VISTALLI, *Giuseppe Toniolo*, cit., Comitato Giuseppe Toniolo, Roma 1954, p. 669-672.
[113] E. DA PERSICO, *La vita di Giuseppe Toniolo*, citata in E. PREZIOSI, "Giuseppe Toniolo", cit., p. 18.

3. Toniolo *sociologo cristiano*. Il parere e gli studi di Silvano Burgalassi

Se ci si accosta ad un qualsiasi saggio che parli della figura del Toniolo, sia tra quelli più datati come quello del suo biografo ufficiale, il Vistalli, o dei suoi colleghi dell'epoca, sia tra quelli più recenti come quelli di Pecorari, Sorrentino e di molti altri studiosi, anche di coloro che solo ultimamente si sono interessati alla riscoperta di questo autore, soprattutto incentivati dalla sua recente canonizzazione del 2012, si nota ovunque che il Toniolo viene definito con molta costanza, oltre che come docente ed economista, anche come *sociologo.*

Con maggiore difficoltà usa, invece, questo titolo, il sociologo Silvano Burgalassi che trova difficile parlare e scrivere di *Toniolo sociologo* con "disinvoltura". Il motivo di quanto, sulle prime, può apparire come un particolare puntiglio, si comprende con maggior condivisione se si considera quella che è stata, per oltre cinquant'anni, l'attività del Burgalassi, strenuo difensore della sociologia della religione e del suo diritto di cittadinanza tra le scienze autonome.

Burgalassi, con tenacia, capacità e impegno ebbe la meglio su resistenze ed ostacoli di ogni tipo che si opponevano, ai tempi degli esordi della *sociologia religiosa*, al riconoscimento di una sociologia come scienza autonoma che rivolgesse la sua attenzione al cattolicesimo, che proponesse una conoscenza scientifica non più asservita a dettami teologico-pastorali ma del tutto indipendente e capace di dire qualcosa alla stessa teologia; una sociologia attenta alla religione ma non aliena dal muovere obiezioni problematiche rispetto ad un'ortodossia ferreamente applicata. È per questo che è, a ragione, considerato tra i fondatori, se non il fondatore, della *sociologia della religione* o *sociologia religiosa*, come si diceva allora[114] .

---

[114] Don Silvano Burgalassi (Bibbona, 2 agosto 1921 – Pisa, 7 giugno 2004), sacerdote e sociologo, è una figura centrale nella storia dello sviluppo della *sociologia della religione* in Italia. Quando egli iniziò a lavorare su tematiche attinenti il fenomeno religioso la disciplina di suo interesse si chiamava ancora *sociologia religiosa* e come tale era insegnata presso l'Università Cattolica del Sacro Cuore a Milano, dove peraltro tale insegnamento ha sempre avuto vita difficile per diverse ragioni: in primo luogo per

A proposito dell'attribuzione del titolo di *sociologo*, il Burgalassi, profondo conoscitore della figura del Toniolo attraverso i numerosi studi che ha condotto su di lui, fa osservare che non è a torto che si attribuisce al Toniolo questa designazione, ma si impone una doverosa precisazione preliminare. Egli fa notare infatti, che oggi, con la parola *sociologo,* si intende chi insegna una disciplina o esercita una professione assai ben delimitata, e ciò da quando nelle Università la Sociologia è diventata una disciplina accademica (cioè dal 1923) o da quando, nell'apparato amministrativo, la professione è stata formalmente accettata.

Agli inizi del Novecento, invece, il termine *sociologia* era ideologicamente compromesso dalla sua derivazione positivista, così gli studiosi e gli operatori sociali cristiani preferirono a lungo la dizione *Scienze sociali* o *Questione sociale,* assai meno impegnata.

Toniolo, dapprima riluttante, accettò poi il termine usandolo nell'intervento di Genova del 1892 e fu lui stesso che, in campo cattolico, usò per primo la dizione *sociologia* sia pur immediatamente seguita dall'aggettivo *cristiana,* infatti egli, nella sua prolusione al 1° Convegno italiano dell'Unione per gli studi sociali cattolici in Italia dice: "Così, al di sopra delle singole dottrine sociali e senza offenderne l'autonomia si ergerà la *sociologia cristiana* che potrà intitolarsi

---

l'ostracismo di correnti intellettuali cattoliche che non vedevano bene l'incardinamento di una discipina tendenzialmente critica dell'organizzazione ecclesiale cattolica e nutrivano dubbi sulla sua validità scientifica. L'obiettivo del Burgalassi era quello di far superare alla sociologia religiosa una condizione di tipo ancillare nei riguardi della pastorale, di liberarla cioè dalla concezione di una sociologia *ancilla theologiae* e affermarla come scienza autonoma e tuttavia non ostile all'azione della chiesa cattolica. Silvano Burgalassi ha offerto gran parte della sua vita allo sviluppo dell'approccio sociologico alla religione, ostacolato soprattutto dal timore altrui che la sociologia soppiantasse la teologia. Egli ha offerto in tal senso una visione equilibrata e bilanciata tra le due discipline, spiegando che la teologia fa un discorso all'interno di un sistema di premesse che non si presta facilmente a censura o a critica. Il discorso teologico è cioè un discorso autoreferenziale, in cui la ragione c'entra, ma come *instrumentum fidei*. La sociologia, invece, fa i conti con la realtà empirica; essa non si pone il problema di raggiungere la verità, quanto piuttosto di descrivere con la massima precisione l'esistente. Ad esempio la sociologia, in ambito religioso, mostra la congruenza, o la non congruenza, tra certi comportamenti e l'assunzione di certe verità di fede. In questo senso la sociologia può mettere in evidenza le contraddizioni di un certo comportamento religioso, e questo non può non far riflettere il discorso teologico, mettendo così in evidenza che teologia e sociologia necessitano dell'apporto l'una dell'altra. (Cfr. R. CIPRIANI, *La Sociologia della Religione di Silvano Burgalassi,* in http://europa.uniroma3.it/cipriani/saggi_desc.aspx? id=13, ultimo accesso il 31 marzo 2017.

dottrina generale della società e dell'incivilimento... *sociologia cristiana* da contrapporre alla sociologia positiva"[115].

Secondo il Burgalassi, Toniolo merita pienamente il titolo di sociologo, a prescindere dalla controversa valutazione del suo modo di intendere e di fare sociologia, anche se va preliminarmente precisata la definizione del termine *sociologo* che, come si è visto, ai suoi tempi non connotava un professionista di una specifica disciplina scientifica ben delineata e riconosciuta, ma piuttosto lo studioso interessato al campo delle questioni sociali, e va altresì osservato che Toniolo fu un sociologo atipico *nel desolato panorama positivista italiano di inizio del secolo XX.*[116]

Burgalassi, inoltre, osserva che se da un lato gli studiosi cattolici hanno riconosciuto la validità del pensiero del Toniolo in campo sociale designandolo ovunque e fin da subito col titolo di *sociologo*, di contro il professore trevigiano ha subito una sorta di faziosa dimenticanza tra gli storici della sociologia italiana, appannati da pregiudizi positivisti e idealisti[117], che hanno fatto sì che si dovesse arrivare a tempi assai più recenti per trovare un'analisi esauriente del pensiero sociologico del Toniolo e poter dare *cittadinanza piena e regolare alla sociologia del Nostro ricollegando alla sua matrice la folta schiera di sociologi, ecclesiastici o dichiaratamente cattolici.*[118]

Come tiene a ricordare il Burgalassi, furono proprio il Toniolo e il Matteucci – anch'egli docente all'Università di Pisa e autore di un importante articolo dal titolo: *Intorno al riconoscimento della sociologia come scienza autonoma,* del 1904 – a levarsi in difesa dell'inserimento della sociologia negli

---

[115] L'affermazione di Toniolo è citata in S. BURGALASSI, *Passato e Futuro. Religiosità italiana e analisi sociologica*, Ets, Pisa 1992, p. 184.

[116] Cfr. S. BURGALASSI, *Passato e Futuro. Religiosità italiana e analisi sociologica*, cit., p. 174.

[117] Anche secondo Paolo Pecorari "per molti anni Toniolo è stato vittima di una sorta di *damnatio memoriae*. Veniva visto come uomo della *conciliazione*, della mediazione, ideologo della democrazia [...]. Ha pesato il suo essere in sintonia con la gerarchia. Tale pregiudizio ha attecchito anche nel mondo cattolico".(B. DESIDERA, *Paolo Pecorari e la grande lezione di Toniolo: «La finanza sia un mezzo»,* in "Toscana Oggi", 18 marzo 2012. Anche in http://www.giuseppetoniolo.net/vita/viaggiovirtuale/nellacasa/giuseppemariae. pdf/, ultimo accesso il 26 febbraio 2017).

[118] Cfr. S. BURGALASSI, *Passato e Futuro. Religiosità italiana e analisi sociologica*, cit., p. 174.

insegnamenti ufficiali delle Università italiane, dopo che, in un dibattito tenutosi a Napoli nel 1905, era stato espresso un responso decisamente negativo sull'argomento.

È parere del Burgalassi che, tra i tanti studi sulla vita e l'opera del Toniolo, poco si sia ancora detto e approfondito circa la sua preparazione specifica a quegli studi di sociologia teoretica ed applicata che costituisce la matrice del suo pensiero sociologico.

A far maturare la formazione sociologica del Toniolo, secondo quanto emerge dal dettagliato resoconto di Burgalassi (qui sinteticamente solo accennata), furono da un lato la situazione di tensione che il professore visse all'interno del contesto pisano sul versante della contrapposizione netta al positivismo e al socialismo rivoluzionario, dall'altro le influenze del pensiero di due studiosi: il filosofo del diritto, prof. Carlo Francesco Gabba, amico e collega di insegnamento del Toniolo e spiritualmente ad egli assai vicino, il quale fu per certi aspetti suo *maestro di sociologia,* e parallelamente, gli studi del trattato di Gian Domenico Romagnosi del 1839, dal titolo *Dell'indole e dei fattori dell'incivilimento con esempio del suo risorgimento in Italia.*

Se dal contesto storico-sociale di Pisa il Toniolo trasse soprattutto le motivazioni al suo impegno negli studi sociali, per ciò che attiene soprattutto gli aspetti di metodo fu, invece, di grande importanza la rilevanza attribuita dal Gabba ai fenomeni connessi alla trascendenza che portavano alla definizione della scienza sociale come vera *scienza morale,* capace di utilizzare il metodo deduttivo accanto a quello induttivo positivo, e di partire dal dato empirico per aprirsi potenzialmente alla prospettiva metafisica e religiosa.

L'aspetto *sociologico* più rilevante ed i migliori contributi del Toniolo a questa disciplina concernono infatti proprio la dimensione finalistica della scienza sociale. Inoltre dal Gabba egli trasse idee chiare sul ruolo della scienza sociale ed in essa della sociologia: la scienza sociale è, per il Gabba, quella che si propone di studiare *la natura, i bisogni, le leggi della civile colleganza;* essa origina la sociologia, ossia *la dottrina generale dell'umana società, la quale ricerca gli elementi del sociale organismo, le leggi dell'equilibrio di questo, e del suo svolgimento* e inoltre non si avvale soltanto dell'*osservazione attenta, minuta e completa dei fatti ed una appropriata loro classificazione,* ma necessita anche del *discorso mentale, o speculazione* caratteristico delle scienze morali [119].

Inoltre anche il Toniolo, come il Gabba, enumera, tra le scienze ausiliarie della sociologia la storia e la statistica, poiché ritiene che *queste due discipline invece "hanno carattere comprensivo" cioè abbracciano tutte le manifestazioni diverse dell'attività dei popoli per considerarne la "cospirazione" graduale verso quel termine che è la civiltà*[120].

Un altro autore che ebbe un'influenza notevole nella formazione del pensiero sociologico del Toniolo fu il Romagnosi che, nel trattato appena citato, studiò attentamente la questione *del positivo incivilimento dei popoli,* attraverso l'approccio storico all'analisi. A questo autore il Toniolo si rifece nel concepire la sociologia come dottrina il cui fine ultimo è la *valutazione positiva del processo di incivilimento,* discostandosi però dal Romagnosi sia per alcune sue premesse, sia per le sue conclusioni. Romagnosi riteneva che il vero incivilimento europeo fosse iniziato con la Riforma protestante, mentre fu proprio contro questa tesi che il Toniolo mosse le sue più aspre critiche. Inoltre, mentre per il Romagnosi quello dell'incivilimento è un ideale mai umanamente raggiungibile e nemmeno mai scientificamente misurabile, Toniolo crede nella possibilità di tale ulteriore passo.

Dal Romagnosi il Toniolo trasse le linee maestre su cui costruire il suo impianto teoretico ma vi aggiunse il continuo ricorso al dato statistico nell'elaborazione di quegli indicatori demografici che, secondo il Nostro, avrebbero consentito di *misurare il livello di incivilimento* raggiunto da un popolo.[121]

---

[119] Cfr. S. BURGALASSI, *Passato e Futuro. Religiosità italiana e analisi sociologica*, cit. p. 176, 177.
[120] Cfr. *Ivi*, p. 192.
[121] Cfr. S. BURGALASSI, *Passato e Futuro. Religiosità italiana e analisi sociologica*, cit., p. 182, 183.

A questi importanti spunti che il Toniolo prese dai tali studiosi per costruire l'impianto base della sua sociologia, egli apportò i suoi contributi scientifici, primo fra i tanti, il riferimento alla filosofia scolastica che gli consentirà di tenere insieme la fede con la ragione senza confusione né contraddizioni e poi l'aver intuito e teorizzato il fatto che gli avvenimenti obbediscono ad una duplice legge: quella della costruzione ed estrinsecazione delle idee e quella della concretezza efficace dei fatti. Sono cioè le idee che permettono l'accadere o meno di determinati fatti ed è dalla correttezza o meno di queste che dipende ciò che accade di conseguenza; inoltre i fatti, nel loro svolgersi, incidono concretamente nella storia dell'umano perfezionamento.

La sociologia, per il Toniolo, unifica nella finalità dell'*incivilimento*, tutte le altre discipline scientifiche, infatti nei suoi studi e nel suo insegnamento egli utilizza i temi dell'economia, della demografia, della geografia, della biologia, della linguistica, e non ultimo quello della religiosità e li *fa confluire, nelle loro leggi particolari, verso quell'immane ed incessante cammino (progresso) che l'umanità percorre nel suo processo di incivilimento*[122].

Il Burgalassi affronta con sistematicità tutti i principali aspetti del pensiero sociologico del Toniolo con dovizia di riferimenti a scritti e appunti anche di difficile reperibilità dello stesso ed è per questa sua approfondita ricerca che a lui va il merito di aver contribuito considerevolmente ad una rivalutazione del pensiero sociologico del professore di Pisa.

---

122 *Ivi*, p. 194.

Capitolo 3

Toniolo e l'insegnamento: aspetti pedagogici. La sua eredità

1. L'insegnamento: tra missione e bene morale

Il periodo in cui visse Giuseppe Toniolo fu caratterizzato anche da cambiamenti nel campo dell'insegnamento, dell'istruzione e della cultura in genere. Le idee illuministiche, diffondendosi, avevano portato all'affermazione del principio dell'*istruzione di massa come bene nazionale*[123] e in Italia, in particolare, negli anni in cui si svolse il suo processo di unificazione nazionale, l'istruzione si vestì di ulteriori significati.

I governi, nei primi anni dopo l'Unità d'Italia, tentarono di utilizzare gli strumenti di una pedagogia nazionale con lo scopo di *fare* i nuovi italiani. Si avvertiva l'esigenza di creare una cultura comune in tutto il Paese; per mezzo dell'educazione si dovevano formare gli italiani, insegnare loro i valori della patria, della monarchia, l'amore del Paese e del sovrano e soprattutto preparare le future classi dirigenti.

Fu così che all'insegnamento fu affidato il compito di *italianizzare* il Paese.

Nel 1861 la situazione, dal punto di vista dell'istruzione in Italia, era drammatica: il 78% degli italiani non sapeva né leggere né scrivere.

L'organizzazione scolastica si basava su di una legge del 1859, la legge Casati[124], che regolava l'insieme delle norme, fino all'Università, stabilendo il

[123] Cfr. R. SANGIULIANO, *Compendio di legislazione scolastica*, Simone, Napoli 2012, p.7.

[124] La legge Casati ha rappresentato *l'atto di nascita del sistema scolastico italiano*. Con tale legge veniva sancito il riconoscimento del diritto-dovere dello Stato di intervenire in materia scolastica, sostituendo e affiancando la Chiesa, da secoli detentrice del monopolio dell'istruzione. La legge Casati istituiva una scuola elementare articolata su due bienni, di cui solo il primo obbligatorio. Dopo la scuola elementare il sistema si divideva in due tronconi educativi: il ginnasio (a pagamento) che consentiva l'accesso a tutte le facoltà universitarie e destinato a preparare la futura classe dirigente, e le scuole tecniche, destinate a formare la classe operaia specializzata. Questo provvedimento legislativo rimase

principio di una scuola elementare gratuita ed obbligatoria per maschi e femmine, e dipendente finanziariamente dai comuni, mentre le scuole superiori e le Università dipendevano dallo Stato.

Ogni strato sociale della popolazione doveva ricevere uno specifico tipo di insegnamento: quello elementare doveva inculcare nelle classi popolari obbedienza, diligenza, pazienza, amore dell'ordine e del lavoro, mentre l'insegnamento secondario doveva rispondere al desiderio di cultura e d'istruzione delle classi medie che costituivano le forze vive della nazione, i funzionari e gli impiegati di domani, così pure gli insegnanti laici della scuola italiana.[125]

L'istruzione, ambito in cui per secoli la Chiesa aveva avuto il monopolio, viene ora sottratta alla sua cura esclusiva e affidata allo Stato, in cui circolano idee razionaliste, dove idealismo, positivismo e determinismo impregnavano il pensiero e la cultura dominante, creando una fortissima cesura tra religione e scienza, cioè tra fede e ragione. Inoltre, nel tempo in cui Giuseppe Toniolo si affacciava all'esercizio della sua professione di docente e all'impegno pubblico, lo scenario europeo era caratterizzato da un dilagante positivismo che, fondando sul principio secondo cui tutto ciò che non può essere dimostrato sperimentalmente non ha carattere di verità scientifica, escludeva ogni tendenza teleologica e considerava i valori etici del tutto estranei alla scienza. Da tale matrice positivista e materialista, si erano poi sviluppati due indirizzi di pensiero, opposti nelle conclusioni ma dal comune sostrato filosofico: l'indirizzo individualistico-liberale da un lato e quello collettivista-marxista dall'altro.[126] Questa era il contesto in cui Giuseppe Toniolo si trovò a compiere la sua formazione culturale, i suoi studi e successivamente a svolgere la funzione di docente universitario.

---

in vigore, salvo lievi modifiche, fino al 1923, quando fu varata la riforma Gentile. (Cfr. R. SANGIULIANO, *Compendio di legislazione scolastica*, Simone, Napoli 2012, p.8, 9).

[125] Cfr. *La funzione della scuola dopo l'Unità d'Italia*, in http://anpi-lissone.over-blog.com/article-la-funzione-della-scuola-dopo-l-unita-d-italia-67260283.html, ultimo accesso il 30 marzo 2017.

[126] Cfr. R. MOLESTI (Ed), *Giuseppe Toniolo, il pensiero e l'opera*, cit., p. 133.

La figura del Toniolo viene solitamente associata alla sua attività di economista e sociologo; meno nota è invece l'attività che egli svolse sul piano specifico dell'impegno culturale in riferimento al rapporto scienza-fede. Come osserva mons. Sorrentino

> "se ci si accosta in modo adeguato alla sua personalità, quest'ultimo aspetto merita almeno analoga attenzione. E non solo perché egli fu promotore di alcune iniziative di alto profilo e di carattere anticipatore – dall'*Unione Cattolica italiana per gli Studi sociali* (1889) alla *Rivista internazionale di scienze sociali e discipline ausiliarie* (1893), dalla *Società Cattolica Italiana per gli Studi Scientifici* (1899) al tentativo mal riuscito di una *Società cattolica internazionale per la promozione della ricerca scientifica,* dalla promozione delle *Settimane Sociali* (1907) al progetto di un *Istituto cattolico di diritto internazionale* (1908) ma anche perché, della sfida culturale, egli colse come pochi l'urgenza storica in termini di provocazione ecclesiale e spirituale".[127]

Come già visto, la sua formazione ginnasiale si svolse tra il 1854 ed il 1862, nel collegio Santa Caterina di Venezia, istituto cattolico retto da mons. Della Vecchia, educatore al cui indirizzo il Toniolo, secondo il parere del Vistalli, *deve almeno per tre quarti la sua formazione spirituale*[128] e non solo. Egli esercita su Toniolo grande influenza anche dal punto di vista culturale ed in particolare quanto alla metodica di studio, insegnando ai suoi studenti la necessità di *restringersi a poche materie in cui approfondirci, servendoci del resto come di abbigliamento accessorio.*[129]

Non è quindi superfluo sottolineare l'educazione di provenienza, vista l'enorme influenza che essa avrebbe esercitato sulla sua formazione culturale e spirituale e che determinerà, nel seguito, il modo di intendere lo studio e, più in generale, la cultura esprimendosi poi nella ricerca scientifica e nell'insegnamento. Toniolo proseguì i suoi studi nell'Ateneo di Padova, fino al conseguimento della laurea in Diritto Civile e Canonico nel giugno 1867. L'Università patavina costituiva un ambiente ostile per gli studenti cattolici

---

[127] D. SORRENTINO, *Giuseppe Toniolo: Spiritualità e Cultura*, in "Partecipare", maggio 2012, numero speciale, p. 68.

[128] F. VISTALLI, *Giuseppe Toniolo*, cit, p. 30.

[129] P. PECORARI, *Giuseppe Toniolo e il socialismo. Saggio sulla cultura cattolica tra'800 e '900*, Patron, Bologna 1981, p. 19.

dell'epoca, essendo dominata da un laicismo agguerrito, e tuttavia il Toniolo non dissimulò mai la sua fede, ma

> "la pratica religiosa, appresa in famiglia e poi nell'ambito dello studio e di formazione sarà un punto fermo, un punto di partenza che si rinforza negli anni si arricchisce, sollecitato nell'incontro con la realtà del suo tempo, in una spiritualità incarnata. Come a dire che in lui la spiritualità diviene sempre più consapevole e ricca nell'incontro con la realtà terrena, attraverso la vita quotidiana non meno che attraverso lo studio"[130].

Sia come discente che, successivamente come docente universitario, Giuseppe Toniolo manterrà nei riguardi dello studio un atteggiamento come di ricerca vocazionale che gli farà scrivere, nelle sue *Note spirituali:* "Gesù, dirigete gli studi e l'attività mia al mio perfezionamento e alla Vostra gloria"[131].

Studiando, egli ordina i pensieri e si organizza facendo una sorta di *ascesi mentale*, ordinando lo studio in modo da equilibrare l'approfondimento con l'erudizione, l'intuizione con la verifica, la sintesi con l'analisi senza mai trascurare la cura nella scelta delle fonti[132]. Sul solido pilastro del magistero della Chiesa, la formazione del Toniolo si è svolta nell'interazione indissolubile tra fede, cultura e società. Lo studio e la professione sono per lui mezzi per santificare la propria vita rendendo la sua testimonianza cristiana, infatti la visione che egli ebbe dello studio somiglia ad una vera e propria vocazione. Preziosi scrive:

> "Toniolo non è solo un insigne studioso, ma è propriamente un cristiano che abbraccia in maniera consapevole la strada dello studio, della cultura, della professione intellettuale come scelta di vita. Lo studio e il dibattito sui problemi suscitati dalla storia del proprio tempo sono per lui i mezzi fondamentali nel cammino di formazione e di impegno umano e cristiano".[133]

I suoi studi si basano su una scrupolosa ricerca della verità, secondo il metodo *dell'unità dei distinti*, che egli ha imparato da Tommaso d'Aquino, cioè il metodo della distinzione tra *fede* e *ragione*, con il rispetto rigoroso di ogni

---

130 E. PREZIOSI, *Giuseppe Toniolo* .cit., p. 60.
131 G. TONIOLO, *Note spirituali*, in "Scritti spirituali", vol. I, p. 41.
132 Cfr. D. SORRENTINO, *Giuseppe Toniolo: Spiritualità e Cultura*, in "Partecipare", maggio 2012, n. speciale, p. 69.
133 E. PREZIOSI, *Giuseppe Toniolo.* cit., p. 75.

legittima autonomia tra le due realtà, ma senza che una escluda l'altra, bensì con la consapevolezza che vi sia tra loro un certo legame organico e costitutivo, al pari di quello che esiste tra cultura e cristianesimo, e che le due realtà si approfondiscano a vicenda.[134] Educato nella prospettiva neo-tomistica

> "Toniolo aveva assimilato l'equilibrio tipicamente tomistico nella considerazione del valore della natura, delle sue leggi ontologiche ed epistemologiche, tutto al tempo stesso riconducendo alla superiore armonia del rapporto con Dio. Vera 'bussola' dei suoi orientamenti in questa materia era il principio dettato dal Vaticano I, secondo cui tra fede e ragione non può esserci contrasto".[135]

Il suo modo di intendere la scienza e il sapere, come si può osservare, si discosta dalle impostazioni positiviste dell'epoca. Pur mantenendo una obiettività nella ricerca e riconoscendo tutto il valore delle scienze positive, egli inserisce queste ultime all'interno di un quadro generale di più ampio respiro che è quello della ricerca della verità *tout court*, che non può che promanare da Dio e quindi avere come altro suo elemento la religione e la fede. Nel massimo rigore nella ricerca scientifica, Toniolo individua nel *bene morale* lo scopo ultimo di ogni studio e dell'insegnamento, e ad esso, sia gli individui che la collettività, devono tendere. C'è quindi un suo preliminare impegno di carattere etico che fa da sfondo ed orienta l'attività scientifica e culturale, una ribadita superiorità dei valori etici e religiosi su ogni altro tipo di valore[136].

Rivelatrice di questa sua impostazione di fondo è la prolusione da lui sostenuta per l'esame di docenza universitaria nel dicembre 1873: *Dell'elemento etico quale fattore intrinseco dell'economia.* La nomina a professore straordinario di Economia politica nell'Ateneo di Pisa giunse al Toniolo nel gennaio 1879 e dopo tre anni ne diverrà ordinario.

---

134 *Ivi*, p. 76.

135 D. SORRENTINO, *Giuseppe Toniolo: Spiritualità e Cultura*, in "Partecipare", maggio 2012, n. speciale, p. 71.

136 Cfr. R. MOLESTI (Ed), *Giuseppe Toniolo, il pensiero e l'opera*, cit., p. 131.

L'ambiente di Pisa a quell'epoca era caratterizzato da una prevalente realtà rurale in larga misura cattolica e parallelamente da una forte presenza anarchica e socialista, dall'*agnosticismo delle autorità politiche, di estrazione borghese-liberale e quasi tutte iscritte alla massoneria, e l'individualismo dei docenti, anche di estrazione cattolica, presenti nell'Università*[137].

Toniolo, intraprende l'insegnamento e la ricerca a Pisa con molto interesse, ma sempre animato dal suo spirito di apostolato cattolico che lo porta a leggere la realtà da cristiano e per questo incontra non poche difficoltà: all'interno dell'Università la presenza *militante* di Toniolo è motivo di contrasti, e il suo percorso universitario sarà caratterizzato da un procedere tra molti attestati di stima e, allo stesso tempo, non poche contrarietà, dovute anche alla sua fermezza di condotta. Il giovane professor Toniolo si rapporterà al contesto con uno stile di insegnamento che si potrebbe definire *missionario*, sollecitato dalle difficoltà che incontra.[138]

Nel suo insegnamento e nei lavori di ricerca si evidenzia la coerenza tra metodo scientifico, fondamenti culturali e dimensione religiosa. L'attività di studioso e di docente, la percezione del rapporto fede-ragione e la promozione della cultura cattolica, dimostrano quanto, in Toniolo, vita, pensiero e programmi fossero profondamente legati all'esperienza di Dio.[139]

Egli attribuiva la responsabilità di aver aperto la strada all'inaridimento culturale, civile ed economico della società contemporanea a quell'umanesimo razionalista che *faceva dell'uomo, con la sua ragione, il principio e il fine di ogni sapere, e del pari faceva dell'uomo, colle sue utilità personali racchiuse nel tempo e nella natura, il principio e il fine di ogni costituzione ed operosità sociale*[140].

[137] S. BURGALASSI, *Alle origini della sociologia,* p. 69.
[138] Cfr. E. PREZIOSI, *Giuseppe Toniolo,* cit., p. 82.
[139] Cfr. ALDO CARERA (Ed.), *Giuseppe Toniolo. L'uomo come fine*, Vita e Pensiero, Milano 2012, p. XI.
[140] A. CARERA (Ed.), *Giuseppe Toniolo. L'uomo come fine*, Vita e Pensiero, Milano 2012, p. X.

Ai drammatici effetti dell'individualismo Toniolo contrapponeva la forza delle intelligenti e libere iniziative degli uomini mossi da un fine proprio spirituale, capaci di tenere stretti i legami tra la ragione e la fede.[141]

È in virtù di queste convinzioni che il Toniolo adottava, nelle sue lezioni un atteggiamento di dialogo aperto con i suoi studenti, ai quali si preoccupava di far comprendere, al di là dei contenuti disciplinari, il fine ultimo dell'edificazione della persona umana a cui tali studi erano primariamente finalizzati, e lo faceva suscitando *la curiosità, l'interesse, l'ammirazione e la simpatia dei suoi uditori.*[142]

Quanto allo stile con cui conduceva le sue lezioni, che preparava scrupolosamente con un suo lavoro personale di ricerca, esso era caratterizzato da un modo niente affatto cattedratico di porgere il ricco contenuto, che, pur dimostrando una profonda preparazione e una coscienziosa elaborazione della disciplina, aborriva ogni pomposità e ogni vanità retorica, avendo, le sue lezioni, il pregio di far sì che *l'ascoltatore ne usciva convinto, la dottrina insegnata essere il risultamento di studi e di meditazioni personali, espressioni del convincimento sicuro di chi esponeva, proponendola come la più sicura ed accettabile*[143]

Ponendosi egli stesso come modello esemplare, risultava convincente e carpiva la fiducia e la stima dei suoi allievi che da lui apprendevano il suo modo di fare ricerca scientifica sotto la guida illuminante della fede.

Un suo allievo prediletto, il Bruguier, poteva scrivere, nel commemorare il maestro, che *egli aveva trasformato la teoria economica in una filosofia religiosa e le azioni economiche e l'indagine oggettiva in precetti derivati dalle premesse extra-sperimentali*[144].

---

141 Cfr. *Ibidem.*
142 F. VISTALLI, *Giuseppe Toniolo,* cit, p. 642.
143 *Ivi,* p. 645.
144 S. BURGALASSI, *Passato e Futuro. Religiosità italiana e analisi sociologica*, cit, p. 180.

Il Toniolo incarnava diligentemente quella che era l'idea di *insegnante*, nonché la concezione della *funzione docente* in auge nella sua epoca, in cui *il metodo di insegnamento era quello "trasmissivo mnemonico": l'insegnante in quanto soggetto depositario di conoscenze e valori indiscutibili, doveva trasmetterli ai suoi allievi,*[145] attraverso un travaso di conoscenze; tuttavia egli, andando oltre questi canoni della professione del docente, mirava in più a

> "[...]rendere persuasi i suoi alunni della verità dimostrata, e soprattutto di destare il loro interessamento e la ricerca del vero, sapendo per fede e per esperienza, che quanto la mente umana conquista, ogni nuova scoperta scientifica costituirà per sempre un nuovo gradino dell'immensa scala che conduce a Dio".[146]

Egli concepiva la necessità di una crescita del laicato attraverso il confronto culturale con i giovani come atto di carità cristiana e a questo scopo instaura un rapporto di aperta disponibilità nei confronti dei suoi allievi, cosa che gli guadagna il favore di quasi tutti gli studenti, la loro stima e il riconoscimento per le sue competenze didattiche e relazionali anche in un ambiente universitario di linea positivista. Spesso egli viene deriso e denigrato come *clericale*,[147] ma non si intimorisce e persevera nella sua testimonianza di un cristianesimo capace di illuminare l'umana ricerca, lasciando apertamente trasparire, nelle lezioni, la sua fede.

Il professore di Pisa aveva fatto dell'insegnamento, del rapporto con gli studenti un preciso impegno di vita; nei confronti degli studenti si propone infatti

[145] R. SANGIULIANO, *Compendio di legislazione scolastica*, cit., p. 9.

[146] F. VISTALLI, *Giuseppe Toniolo*, cit., p. 646.

[147] Il clima politico-culturale e perfino quello religioso che regnavano a Pisa erano poco adatti ad una personalità forte e marcatamente *praticante* come quella di Toniolo, che avvertì quasi subito, ad onta delle simpatie dei giovani, una malcelata indifferenza nei suoi confronti. Solo a partire dal 1905-06 il clima cominciò a cambiare; le sue frequenti iniziative internazionali e nazionali e le sue numerose puntate nei circoli giovanili di provincia e diocesi dettero al Maestro soddisfazioni e momenti di profonda gioia. Sul finire della sua vita ormai i motivi di compiacimento venivano accrescendosi e si accompagnavano alla profonda stima di tutti gli ambienti della città, se non altro per la vistosa coerenza del suo comportamento in quarant'anni di vita pubblica. (S. BURGALASSI, *Passato e Futuro. Religiosità italiana e analisi sociologica*, Ets, Pisa 1992, p. 164).

di trattarli *come sacro deposito, come amici del mio cuore, da dirigere nelle vie del Signore. Non lasciarmi guidare nelle mie azioni o nel mio contegno verso di loro da alcun motivo di amor proprio, ma solo dalla carità e dalla gloria di Dio.*[148] Con loro aveva legami di vera amicizia, spesso lo accompagnavano a casa dall'Università, ponendo quesiti, chiedendo chiarimenti, ma anche commentando i fatti del giorno e gli avvenimenti sociali.

---

148 E. PREZIOSI, *Giuseppe Toniolo, cit.*, p. 89.

2. L'idea dell'Università Cattolica

Toniolo era convinto che l'età universitaria fosse quella più delicata in cui i giovani compiono le scelte importanti e indirizzano, secondo queste, la vita; anche per questo motivo egli fu portato, come docente, ad esercitare il proprio servizio di orientamento, di consiglio e di guida. *I suoi studenti, ma più in generale i giovani, sono per lui come un prolungamento della sua famiglia*;[149]e come tali li tratta anche per quanto riguarda quella educazione alla fede che egli, padre di sette figli, esercitava su questi ultimi con una paternità spirituale molto forte.[150]

Quella promossa dal professor Toniolo è dunque una cultura ispirata dalla fede, cristocentrica, avendo Cristo come senso e traguardo, in cui fede e scienza interagiscono senza mai confondere i rispettivi ambiti, ed anche se lui amava parlare di *cultura cattolica*, egli ben conosceva l'autonomia epistemologica che ciascuna scienza deve possedere e coltivare. Tra le due realtà egli cercava di individuare i possibili punti di contatto e di appianare gli apparenti punti di conflitto, valorizzando i contributi che reciprocamente si offrono.

Inoltre, quella del Toniolo è una cultura che non smarrisce mai il soggetto umano come termine ultimo a cui guardare; ne nasce una cultura capace di lasciarsi interpellare dai problemi, che sceglie le sue priorità in rapporto ai bisogni reali, si fa carico della storia umana, e specialmente della condizione dei più deboli, una cultura operativa, volta a servire costruttivamente per l'individuazione di soluzioni efficaci.[151]

---

[149] *Ivi*, p. 90.

[150] Cfr. A. BERNARDINI, *Toniolo parla a tutti, anche a chi non è cattolico*, intervista a Gian Maria Vian, del 30 marzo 2012, in http://www.toscanaoggi.it/Edizioni-locali/Pisa/Giovanni-Maria-Vian-direttore-dell-Osservatore-Romano-Toniolo-parla-a-tutti-anche-a-chi-non-e-cattolico#sthash.G2qs3Xo4.dpuf, ultimo accesso il 30 marzo 2017.

[151] Cfr. D. SORRENTINO, *Giuseppe Toniolo: Spiritualità e Cultura*, cit., p. 74.

Toniolo, convinto dell'importanza del sapere, della ricerca e della scienza al fine di formare le menti per indirizzare correttamente la società verso il suo *incivilimento*, fu consapevole che la spiritualità cristiana, nel suo tempo, sotto le pressioni positivistiche, rischiava di *disincarnarsi* o almeno di veder intiepidire il suo interesse per il rinnovamento culturale, proprio in un'epoca che invece esigeva fortemente un risveglio di questo interesse tra i cattolici, così già a partire dagli anni Settanta dell'Ottocento, egli cominciò a caldeggiare il progetto embrionale di una Università cattolica.

Nel settembre 1918, ormai imminente la fine della guerra, Giuseppe Toniolo, molto malato, chiamò al suo capezzale Agostino Gemelli e i suoi collaboratori raccomandando loro di realizzare l'Università: *Io non vedrò la fine della guerra: ma voi, appena essa è terminata, fatela, fatela, l'Università Cattolica.*[152] Padre Agostino Gemelli raccoglie l'eredità del dibattito dell'800 di cui Giuseppe Toniolo è certamente, per statura morale e intellettuale, il simbolo.

Padre Gemelli così dirà a proposito della sollecitudine del Toniolo nei confronti di questo progetto:

> "Ho dinanzi agli occhi la veneranda figura del prof. Toniolo già vicino a morire; sembrava un patriarca, un profeta, un santo! Si esaltò nel sentir parlare della possibile fondazione della auspicata Università Cattolica in Italia. L'ultimo suo impegno fu implorare al conte Lombardo l'appoggio finanziario per la futura università".[153]

Il Toniolo, che visse una delle stagioni più difficili del cattolicesimo italiano, ebbe nell'animo suo la convinzione che bisognasse partire dalla cultura per ricercare il ruolo più adeguato dei cattolici nella società dei suoi tempi. Egli fu l'apostolo operoso che aveva fatto propria la tesi che *la civiltà è cristiana o non è* e che il suo procedere è diretto verso una libertà non individualistica, ma

---

[152] Cfr. *I Fondatori*, in http://www.istitutotoniolo.it/natura-e-finalita/storia/i-fondatori/, ultimo accesso del 31 marzo 2017.

[153] E. PREZIOSI (Ed.), *Largo Gemelli, 1. Studenti, docenti e amici raccontano l'Università Cattolica*, Vita e Pensiero, Milano 2003, p. 55.

realizzabile solo socialmente in un contesto di pace e di giustizia.[154] Egli desiderò una Università Cattolica chiamata a svolgere il compito di formare coscienze cristiane in professionalità qualificate, formare professionisti cristiani che operassero in piena sintonia col magistero della Chiesa.

[154] Cfr. E. PREZIOSI (Ed.), Largo Gemelli, 1. Studenti, docenti e amici raccontano l'Università Cattolica, Vita e Pensiero, Milano 2003, p. 55, 56.

3. Toniolo: la sua eredità

Mons. Domenico Sorrentino, nella prefazione ad un noto scritto sul pensiero e l'opera del Toniolo, si chiede: *è attuale Giuseppe Toniolo*?[155]

Se ci si lascia interrogare da questa stessa domanda, ci si potrà confrontare con le idee di tutti quegli studiosi che, come il Sorrentino, hanno voluto ricercare, tra le righe dei suoi scritti e nelle testimonianze delle sue opere, l'attualità del professore trevigiano, riuscendo a riscoprire l'utilità dei suoi studi, dei suoi pensieri e persino dei suoi atteggiamenti, anche andando alla ricerca di soluzioni alle problematiche che investono il mondo di oggi.

Ad un primo approccio, per via del suo modo di esprimersi in un italiano ormai desueto e di articolare il pensiero in lunghi fraseggi, il Toniolo può apparire "un uomo d'altri tempi", espressione con la quale non si intende assolutamente disprezzarlo ma solo sottolineare quel primo atteggiamento di reverenziale rispetto, ma di difficile condivisione, che può indursi verso un personaggio apparentemente ormai *datato*, idea che si affaccia alla mente non foss'altro per quella sua barba portata secondo la moda dell'epoca, che è presente in tutte le foto sbiadite che lo ritraggono.

Successivamente, approfondendo lo studio, non si può non rimanere affascinati dal personaggio-Toniolo e il suo pensiero non può che apparire a dir poco trascinante non appena ci si addentra tra le righe dei suoi scritti che, pur avendo il sapore dell'antico, suscitano il gusto di un percorso in una storia non poi così tanto lontana.

Il primo scritto del Toniolo, che si rivelò essere quasi il saggio programmatico di tutta la sua attività sia di ricerca e di studio, sia di impegno sociale, è la nota Prolusione del 1873 intitolata *Dell'elemento etico quale fattore intrinseco delle leggi economiche*. È in essa che si rinviene quella che è stata una

[155] D. SORRENTINO, *Prefazione*, in R. MOLESTI (Ed), *Giuseppe Toniolo, il pensiero e l'opera*, Franco Angeli, Milano 2005, p. 7.

delle più importanti intuizioni di Giuseppe Toniolo in tema di rapporto tra etica ed economia e cioè che il fare dell'*utile individuale* il movente *esclusivo* della vita socio-economica è *errore filosofico, errore di fatto ed errore di metodo*,[156] perché l'uomo, nel porre il suo atto libero di volontà sulle più disparate questioni, anche quelle in campo economico, manifesta una coscienza etica che ne guida le scelte e che obbedire alle istanze etiche della coscienza non è un ostacolo al benessere ma anzi favorisce lo sviluppo.

L'attualità del pensiero economico del Toniolo sta primariamente nel metodo e negli ideali che sottostanno alle varie proposte e soluzioni ai problemi economici da lui avanzate, alcune ancora oggi valide, altre ormai obsolete, ma sicuramente ancora attuali in quanto all'approccio valoriale; egli partiva da un'intransigente applicazione del *principio personalista* della centralità della persona umana, anteponendo sempre e comunque l'uomo a qualsiasi altra istanza.

L'economista e sociologo trevigiano, a volte in modo quasi profetico, presagì scenari molto simili a quelli attuali, caratterizzati da una grave crisi internazionale, ed ebbe intuizioni che mostrano una comprensione non banale di alcune problematiche sociali simili per tanti aspetti a quelle attuali legate alla globalizzazione.

Ai problemi della *questione sociale* ed in particolare alla *questione operaia* che tanto scosse la sua sensibilità di credente, egli rispose con diverse proposte come la cooperazione, le forme di credito basate su criteri etico-economici, le Casse Rurali, le Banche Agricole; sviluppò una teoria sociale innovativa, proponendo, per esempio, il riposo festivo, la limitazione delle ore lavorative, la difesa della piccola proprietà, la tutela del lavoro delle donne e dei ragazzi, e non di meno, l'istruzione cattolica.

Gli aspetti principali dell'economia disegnata ed auspicata dal Toniolo, sebbene per molti versi inattuali se riferiti al giorno d'oggi, e legati alla

---

[156] Cfr. F. VISTALLI, *Giuseppe Toniolo*, cit., p. 59.

contingenza delle problematiche della questione economica del suo tempo, hanno, per certi altri aspetti, le caratteristiche di quella che oggi si riassume nel binomio *democrazia economica*[157] e che, in buona sostanza, consiste nel modo con cui egli tratta l'argomento, che è tutt'altro che improntato a meri criteri aziendalistici e economicistici.

Infatti, Toniolo non si stanca mai di considerare il lavoratore come un essere dotato di dignità morale e non un mero strumento della produzione, da riguardare alla sorta di un macchinario. Per questo reclama, tra le altre cose, l'urgenza di ricongiungere direttamente il capitalista all'imprenditore industriale, trasformando il capitalista in un socio d'industria che con lui condivida tutti i rischi d'impresa, e parallelamente di restringere la classe precaria e misera del semplice salariato; primariamente attraverso il *salario giusto*, cioè corrispondente al prodotto del lavoro, nonché concedendo all'operaio una parte della remunerazione, piuttosto che in forma fissa, sotto forma di partecipazione agli utili.

In una fase di cambiamento epocale come quella attuale, conviene riflettere nuovamente, come già aveva fatto il Toniolo, sulla necessità di rivedere il rapporto tra capitale e lavoro così da ridefinire le ragioni della coesione sociale in termini di equità. Toniolo non esitò ad affrontare questi temi uscendo dagli schemi della cultura economica del suo tempo.[158]

L'attualità del pensiero dell'economista Toniolo la si riscontra, quindi, nel fatto che, nel chiedersi come conciliare la nuova economia con l'etica cristiana, egli abbia anticipato quella stessa questione che al giorno d'oggi torna ad interrogare le coscienze di molti e fa dire all'attuale Pontefice che vi è un solo modo per non essere "cacciati via dal tempio" pur rimanendo "mercanti":

> "Non a caso la prima azione pubblica di Gesù, nel Vangelo di Giovanni, è la cacciata dei mercanti dal tempio (cfr . Gv 2,13-21). Non si può comprendere il nuovo Regno portato da Gesù se non ci si libera dagli idoli, di cui uno dei più potenti è il denaro. Come dunque

---

[157] Cfr. G. CARMINATI, *Oh quanto sono ignorante!* , in "Partecipare", dicembre 2001.

[158] Cfr. A. CARERA (Ed.), *Giuseppe Toniolo. L'uomo come fine*, Vita e Pensiero, Milano 2012, p. XVII.

poter essere dei mercanti che Gesù non scaccia? Il denaro è importante, soprattutto quando non c'è e da esso dipende il cibo, la scuola, il futuro dei figli. Ma diventa idolo quando diventa il fine [...] Questo culto idolatrico è un surrogato della vita eterna".[159]

Al pari di Papa Francesco, il Toniolo vide nella ricchezza, nella sua distribuzione e nella necessità di farne un mezzo e non un fine, uno dei problemi dell'economia industriale del suo tempo.

Quella che, dell'idea toniolana sull'economia, è diventata nuovamente di attualità è, inoltre, la sua visione del rapporto Stato-società-economia, tutta ispirata ai principi della *sussidiarietà* e della *solidarietà*;[160] quel suo programma di reazione alla concezione utilitaristico-individualista dell'economia che egli portò avanti con determinazione, promuovendo il principio che voleva l'iniziativa economica dei singoli ordinata al *bene comune*[161] attraverso istituzioni intermedie liberamente costituite, capaci di accordare armoniosamente l'interesse individuale con quello collettivo e regolamentate da una ben disegnata legislazione.

Inoltre, oggi come allora si rende necessario tornare a porre al centro l'uomo integrale, perché, così come volle sottolineare in tutti i modi e in ogni occasione il Toniolo, *l'homo oeconomicus*[162] è pur sempre e prima di tutto *homo*,

---

159 PAPA FRANCESCO, *Un'altra economia è possibile,* 4 febbraio 2017, "L'Osservatore Romano", domenica 5 febbraio 2017, p. 8. Così il quotidiano presenta il discorso: "Denunciando l'idolatria di un sistema finanziario che sta distruggendo milioni di famiglie, Papa Francesco invoca cambiamenti significativi nelle regole di un capitalismo che continua a produrre scarti. Una denuncia e un auspicio, quelli del Pontefice, contenuti nel discorso rivolto ai partecipanti all'incontro sull'economia di comunione promosso dal movimento dei Focolari, ricevuti sabato mattina, 4 febbraio nell'aula Paolo VI". Sull'argomento si veda anche www.famigliacristiana.it/articolo/il-papa-agli-imprenditori-non-fate-del-denaro-un-idolo.aspx.

160 Cfr. D. SORRENTINO, *Prefazione*, in R. MOLESTI (Ed), *Giuseppe Toniolo,* cit., p. 9.

161 Quelli di *sussidiarietà* e *solidarietà*, insieme a quello del *bene comune*, sono *i principi permanenti della dottrina sociale della Chiesa*, che trovano il loro fondamento nel principio della *dignità della persona umana* e che costituiscono i veri e propri cardini dell'insegnamento sociale cattolico. (Cfr. PONTIFICIO CONSIGLIO DELLA GIUSTIZIA E DELLA PACE, *Compendio della Dottrina Sociale della Chiesa*, Libreria Editrice Vaticana, Città del Vaticano 2013, p. 87).

162 La prima interpretazione dell'*homo oeconomicus* si deve a John Stuart Mill nel saggio *Sulla definizione di economia politica* (1836). Egli lo intende agente rivolto alla esclusiva massimizzazione della propria ricchezza pecuniaria da conseguire a prescindere da qualsiasi valutazione percepita come estranea al dominio dello studio dell'agire economico, siano esse valutazioni di carattere sociale, morale o relazionale.(Cfr. *Chi è l'Homo oeconomicus?*, in http://www.sapere.it/sapere/strumenti/studiafacile/eco nomia-finanza/Microeconomia/Gli-agenti-economici--il-consumatore/Approfondimenti/a-Chi---l-Homo-oeconomicus-.html, ultimo accesso del 26/03/201).

e nello spazio umano fondamentale, le dimensioni dell'economia si incontrano con quelle antropologiche.[163]

Oggi, nelle società avanzate, come allora, nell'epoca delle *res novae* della questione sociale, si verifica una certa involuzione antropologica e, come osservava il card. Scola, allora patriarca di Venezia, è in atto

> "Un appiattimento dell'orizzonte dell'umana convivenza sul presente a scapito del futuro, dell'effimero sul durevole, dell'anonimo sul personalizzato, dell'individualistico sul comunitario. Il limite di fondo della mentalità oggi dominante sta nel non vedere che la politica, l'economia, l'organizzazione sociale domandano, prima ancora che un'etica, un'antropologia. Non possono fare a meno di una concezione dell'uomo e della comunità sociale. L'etica, infatti, si dà solo dentro un'antropologia ed un'antropologia adeguata. Essa per Toniolo fiorisce dal tronco millenario della fede cattolica che per secoli ha alimentato il nostro popolo"[164].

Attualmente si è giunti ad una visione troppo ristretta dell'esistenza umana, tutta concentrata sulla contingenza dell'oggi, tanto da togliere ogni prospettiva che apra orizzonti di speranza nel futuro, così da togliere, con la speranza nel futuro, anche la voglia di fare progetti.

Lo sbaglio è quello di affrontare questa *crisi di speranza* soltanto sulla dimensione economica, senza intervenire sulla riformulazione dell'antropologia. *È lo sbaglio di una cultura che non capisce che gli incentivi più potenti all'operosità umana non sono quelli monetari.*[165]

A tal proposito, proprio per evidenziare la presenza di dimensioni valoriali superiori e di una coscienza etica nell'uomo, Giuseppe Toniolo affermava nel 1873 che

> "l'energia del lavoro, la virtù dei risparmi, non solo ma ancora l'idea di quelle grandi imprese che eccedono la durata della vita dell'individuo [...] ripetono

---

[163] Cfr. D. SORRENTINO, *Prefazione*, in R. MOLESTI (Ed), *Giuseppe Toniolo, il pensiero e l'opera*, Franco Angeli, Milano 2005, p. 9.

[164] A. SCOLA, *Prefazione* in R. MOLESTI e S. ZAMBERLAN (Edd), *I fondamenti della Società Cristiana, raccolta antologica*, Ipem, Pisa 2008.

[165] L. BECCHETTI, *L'Italia in crisi di speranza*, in *"La Repubblica"*, 14 aprile 2012.

soprattutto l'impulso dagli affetti di famiglia, dal desiderio di sollevarla in istato, di crescerne il decoro e non già dai calcoli di un gretto interesse personale"[166].

Una delle soluzioni più importanti a questa crisi di speranza può cogliersi proprio nel messaggio ancora oggi attuale del Toniolo, che la indica nel recupero dei valori più squisitamente umani, come gli affetti e la famiglia.

Si sente anche oggi il bisogno di rivalutare l'antropologia cristiana promossa dal Toniolo, che riconosceva all'uomo, immagine di Dio, una superiorità etica, la cui coscienza del dovere è senza dubbio in grado di far tacere, all'occorrenza, le istanze del piacere e dell'utile materiale, anteponendovi quelle del buono e dell'onesto.[167]

Vi sono, inoltre, vari altri filoni nell'opera del Nostro, che denotano un carattere di attualità e che possono offrire elementi utili per la soluzione di alcuni dei problemi sociali che sono oggi sul tappeto. Giuseppe Toniolo fu un laico, in ultima istanza, obbediente alle indicazioni del Vaticano ma tuttavia impegnato a persuadere, influenzare, educare la stessa gerarchia ecclesiastica, per esempio teorizzando una *democrazia cristiana* muovendosi in uno spazio strettissimo, tra una gerarchia ecclesiale arroccata in un sentirsi, a torto o a ragione, ingiustamente colpita, e una *società politica* ancora sostanzialmente anticlericale[168]

Interessanti ed anche oggi di attualità sono le osservazioni che l'Autore compie, in questo ambito del suo impegno, riguardo alle disfunzioni del parlamentarismo, ove questo sia basato sul mero aspetto dell'equilibrio formale di maggioranze numeriche, senza che si tenga sufficientemente conto degli elementi sostanziali di una democrazia partecipata, espressa anche con adeguate rappresentanze di categorie.[169]

---

[166] L. BECCHETTI, *L'Italia in crisi di speranza*, in *"La Repubblica"*, 14 aprile 2012.

[167] Cfr. F. VISTALLI, *Giuseppe Toniolo*, Comitato Giuseppe Toniolo, Roma 1954, p. 57.

[168] Cfr. *Laico e beato, la via di Toniolo*, in "Il Sole 24 Ore", 14 aprile 2012.

[169] Cfr. *C'è una scuola economico-sociale cattolica italiana, da Toniolo a Sturzo, Fanfani, Vito, Menegazzi e altri*, in Fondazione di Studi Tonioliani Newsletter, bollettino di informazione della Fondazione di Studi Tonioliani, Anno IV, 2011, n. 1, p. 4, in: http://www.giuseppetoniolo.com/wp-content/uploads/2009/07/ FST-Newsletter-20111.pdf, ultimo accesso il 23 marzo 2017.

L'epistolario di Toniolo, inoltre, testimonia che egli visse in modo esemplare la propria fede, quale marito e padre, oltre che come studioso, professore, organizzatore sociale, e da quegli scritti emerge, come di profonda attualità, il suo grande insegnamento su quella che è la *spiritualità dei laici*, dove, per dirla con il Miano, presidente dell'Azione Cattolica fino al 2014,

> "Il laico cristiano ha bisogno di riuscire a trovare, pur nel volgere del lavoro, della vita di famiglia, della vita di tutti i giorni, forme di vita in cui riscoprire che al centro vi è la profondità della vita spirituale, perché la vita spirituale è vissuta come qualcosa che non allontana dalla quotidianità ma le dà *profondità*".[170]

Secondo il Miano, la beatificazione del Toniolo attesta proprio la sua attualità come *laico cattolico* che, al di là degli elementi *datati* che pure si possono scorgere nella sua biografia, sta proprio nelle caratteristiche della *quotidianità* della sua vita ed è proprio questo, secondo l'ex presidente di Ac, quello che permette al Toniolo di *parlare ad ogni epoca come se fosse un contemporaneo*. Il Toniolo ebbe infatti l'indomito coraggio di essere e di dirsi cristiano in un contesto di aggressivo *laicismo*, vivendo la chiamata alla santità nella vita coniugale e nell'impegno sociale, politico ed economico.

Il "laicismo", problema attuale adesso come allora, è la degenerazione del pensiero laico che passa dal promuovere l'indipendenza della vita sociale dalla religione in un contesto di libertà di coscienza, alla aperta avversione alla religione, degenerando così in un qualcosa di dannoso alla società, perché, pur di negare e opporsi alla religione, sottrae quelli che, prima che *cristiani*, sono valori *umani* alla società.[171]

---

[170] Così Franco Miano in *Toniolo: Milano (Aci), "provvidenziale" percorso beatificazione,* Asca, 19 marzo 2012, in http://diazilla.com/doc/823358/maggio-speciale-2012---cisl-belluno-treviso, ultimo accesso il 23 marzo 2017.

[171] Il Toniolo non si stanca di combattere, in tutte le sue manifestazioni, il laicismo, anche allora tanto diffuso e da lui giudicato una triste espressione del proposito di escludere la religione dalla convivenza civile, riducendola a un mero atto interno individuale. Il quale laicismo, sviluppatosi con la propaganda dell'Enciclopedia, con il culto della Dea Ragione, con le violenze del terrore, dietro le armi e le riforme napoleoniche, si confonde col razionalismo protestante di Germania e Gran Bretagna e prende piede con il liberalismo dottrinale, sviluppatosi per larga parte dell'Ottocento in Europa e in America. (Cfr. *"Non è un buon economista chi è solo un economista"* in "Fondazione di Studi

La sua ricchissima esperienza umana e cristiana che spazia dalla famiglia e l'università, all'impegno politico e sociale, dalla sua opera di studioso e di uomo di cultura, al suo impegno ecclesiale, fa della quotidianità del professore dell'Ateneo di Pisa, un ulteriore elemento di attualità, in quanto funge da esempio di vita cristiana con la sua testimonianza di quella tensione quotidiana a vivere l'adesione a Cristo come fatto capace di trasformare la vita personale, familiare e sociale e di come divenire fermento per il rinnovamento della cultura e della vita dell'intera società. *È stato grazie al suo quotidiano operare in questi diversi ambiti, in piena armonia con il Vangelo e con la vita della Chiesa, che egli è oggi presentato come un modello di santità laicale*[172].

La beatificazione del Toniolo può essere colta oggi come l'auspicio di una più robusta presenza dei laici nella vita stessa della Chiesa e come richiamo alla necessità di una spinta morale nei cattolici impegnati nella vita sociale e politica di oggi.

Quanto fin qui emerso non esaurisce certo tutto il poliedrico pensiero di Giuseppe Toniolo, in quanto egli é un autore che presenta una complessità e molteplicità di idee e spunti che è utile riscoprire soprattutto per confrontarli con i tanti problemi di oggi, per affrontarli con uno slancio nuovo, facendo tesoro del suo esempio di spiritualità laica.

Per il Sorrentino, affrontare in chiave di attualità, il pensiero, l'opera, la vita stessa di Giuseppe Toniolo, è un'impresa non poco complessa, data l'ambiguità del concetto stesso di *attualità*. Egli sostiene che occorra innanzitutto domandarsi *attualità rispetto a che*? Infatti, i parametri di giudizio cui si aderisce nel momento in cui ci si accinge a valutare l'attualità o meno del pensiero toniolano, sono molto *fluidi* e determinano un fluttuare di valutazioni contrastanti a seconda del contesto storico in cui si è immersi.

Tonioliani Newsletter, bollettino di informazione", Anno IV, 2011, n. 1, p. 2. In: http://www.giuseppetoniolo.com/wp-content/uploads /20 09/07/FST-Newsletter-20111.pdf, ultimo accesso il 23 marzo2017).

[172] D. SORRENTINO, *L'Economista di Dio. Giuseppe Toniolo*, cit., p. 26.

Per meglio intendere questo concetto, è utile riportare integralmente un esempio esplicativo che mons. Domenico Sorrentino scrive al riguardo:

> "Ebbene , se si fosse valutata la *attualità* di questa dimensione [quella spirituale, fatta cardine di tutta la sua esistenza] alcuni decenni fa, quando il processo di *secolarizzazione* della società era così incalzante da far pensare ad alcuni sociologi che la religione, almeno come fatto pubblico, stesse ormai al lumicino, si sarebbe detto che la sua figura fosse ormai sempre più scarsamente attuale[...]. Oggi, è ben noto, siamo in una società che, pur tra tante contraddizioni, vede un certo riemergere della preghiera, dell'esigenza meditativa, dell'interrogativo religioso[...]. Rileggere oggi la testimonianza di un uomo di fede come il Toniolo conserva non solo l'attualità che a lui riconosce la Chiesa quando si pone di fronte a persone di santa vita , ma anche una rinnovata attualità per così dire *storica*".[173]

Sorrentino si riferisce al fatto che lo stesso Toniolo aveva segnalato, agli inizi del Novecento, nel suo scritto intitolato *L'odierno problema sociologico* (1905), il rinvenimento di tracce di rinascita del bisogno religioso, nel suo tempo, *che facevano in qualche modo giustizia dei rapidi verdetti di "morte di Dio" prodotti dal razionalismo di marca illuministica e positivistica.* E poi il prelato conclude dicendo: *Come si vede, nulla di più difficile della valutazione di attualità.* [174]

Valutare in termini di *attualità* il personaggio Giuseppe Toniolo ha, pertanto, necessariamente, una nota di relativismo, in quanto il giudizio è legato strettamente alla persona che giudica e al suo contesto storico-culturale, ma ciò non toglie che conoscere la vita e il pensiero di Toniolo possa divenire tema ed occasione di confronto per ogni futura generazione e possa servire, se non ad indicare in modo direttivo un modello univoco di percorso esistenziale da imitare pedissequamente, cosa che sarebbe oltretutto fuori posto, a rievocare i valori intrinseci che egli ebbe al suo tempo, per mostrare come essi siano serviti, almeno intenzionalmente, a costruire un mondo diverso e migliore, e come testimonianza di una via particolare che il Nostro ha sperimentato, tra le altre possibilità di scelta, in quel tempo ed in quelle situazioni; perciò cercare di

---

173 D. SORRENTINO, *Prefazione*, in R. MOLESTI (Ed), cit., p. 8.

174 *Ibidem*. .

attualizzare la figura del Toniolo è comunque un esercizio utile per quanti vogliano lasciarsi sfidare dalle idee e dalle iniziative da lui messe in campo, oltre ad essere, la sua riscoperta, un utile stimolo ancora oggi per chi volesse concretizzare, da cattolico, la propria testimonianza civile nel Paese.

Attualità del pensiero di Giuseppe Toniolo

Considerazioni conclusive

Giuseppe Toniolo, figura di laico cristiano, impegnato nella professione di docente e attento alle problematiche della società del suo tempo è stato l'oggetto di questa ricerca con l'obiettivo di rilevare i contributi dati dal suo pensiero e dalle sue opere, all'incedere della disciplina della sociologia.

Come notato nel corso del lavoro, ai tempi del Toniolo la sociologia Toniolo, era ancora nella fase evolutiva di individuazione della sua identità epistemologica, comunque già rifiutando la concezione filosofico-deontologica del concetto di società e optando per una metodologia derivata dalle scienze naturali e dalle scoperte scientifiche anche se, per molti aspetti, inadeguata allo studio dei fatti sociali. Diversi studiosi, tuttavia, si erano applicati all'analisi scientifica della società fin dai primi dell'Ottocento, nella necessità di dare risposte alle problematiche di una società avviata all'industrializzazione. A questo si aggiungeva la convinzione positivista di poter trovare tutte le risposte nella conoscenza scientifica del problema sociale.

Al Toniolo non furono sconosciuti gli approdi cui erano giunti studiosi di inizio secolo XIX come il Romagnosi, né i contributi dei suoi contemporanei, come il prof. Gabba e, sulla base delle conoscenze pregresse, suggerì il suo modo di intendere la sociologia e soprattutto le sue finalità pratiche.

Nel fare questo, però, per la sua profonda religiosità, introdusse nell'analisi della società, la componente etica e il *telos* personalista che daranno alla sociologia una piega del tutto innovativa, incanalandola nella nuova direzione della sociologia religiosa che, con gli studi di autori a lui successivi, primo fra tutti Silvano Burgalassi, assumeranno i lineamenti di una scienza nuova : *la sociologia della religione*, un ramo particolare della sociologia che rivolge la sua attenzione alla funzione pratica della religione all'interno di una società.

La sociologia religiosa di Toniolo, che si configura come riflessione nuova personale sui più problematici ed urgenti aspetti della società a lui contemporanea, non può ancora ritenersi propriamente una scienza in quanto metodologicamente inficiata da finalità apologetiche dettate dalle esigenze storiche della *Questione Romana.* Tuttavia è grazie all'apporto delle idee del Toniolo che si comincerà a comprendere l'importante influenza che la religione ha sul progresso della civiltà.

Giuseppe Toniolo *sociologo* e *cristiano*, dunque; due termini che è stato impossibile scindere durante tutte le fasi di questa ricerca, a riprova della validità degli asserti preliminarmente posti dal Sorrentino.

Il carisma del Toniolo, dato dalla sua fede salda e dal suo irremovibile proposito di vita evangelica, rifluiva anche nella sua vita di autorevole studioso, nel rapporto magistrale con i suoi studenti, nell'intensa promozione di iniziative sociali. Il lavoro quotidiano, svolto con impegno e responsabilità, era terreno di indissolubile fusione tra l'ispirazione cristiana e le realtà temporali.

Per tale motivo il suo apporto alla sociologia, si è rivelato essere un tutt'uno con l'apporto da lui dato ad una nuova visione del modo di essere un laico cristiano nella società moderna secolarizzata: un cristiano non solo nell'intimo del cuore ma anche nell'attiva scesa in campo.

La posizione di Toniolo è estremamente chiara e permea tanto i suoi studi sociologici, quanto quelli economici e di ogni altro suo campo d'interesse: è dal messaggio del Cristianesimo che potrà derivare il riscatto dell'umanità più debole anche per quanto riguarda i problemi della società. Emblematico è ciò che egli scrive in tal senso: "Noi credenti sentiamo, nel fondo dell'anima, che chi definitivamente recherà a salvamento la società presente, non sarà un diplomatico, un dotto, un eroe, bensì un santo, anzi una società di santi"[175].

---

[175] La citazione, da *Indirizzi e concetti sociali all'esordire del secolo XX,* è tratta da AA.VV., *"Economia capitalistica, economia umana? Giuseppe Toniolo: uno studioso a servizio dell'uomo"*, AVE, Roma 2002, p. 68.

L'idea di fondo del Toniolo è che riconoscendo l'uomo come dotato di una dignità inviolabile e ponendolo come fine di ogni attività, i valori etici e i valori religiosi mostrano tutta la loro fecondità, anche per quanto riguarda la vita economica e sociale. Tale assunto mentre spiega il successo che incontrò nel mondo cattolico, contribuisce anche a far comprendere l'indifferenza e talvolta l'ostilità con cui la sua opera fu accolta in ambito accademico e in tutti quegli ambienti dalle idee positiviste.

Toniolo, di fatto apre anche a nuove pagine di ricerca, suscitando l'interesse a capire come il suo messaggio possa tornare utile anche nell'oggi, così come suggerisce il card. Scola:

> "Un'affermazione impegnativa, radicale. Eppure tutt'altro che utopica, anzi profondamente realistica. Tanto più in un'epoca come la nostra, di transizione – simile a quella in cui visse Giuseppe Toniolo – e di grande travaglio. Di trasformazioni così rapide e profonde da far vacillare anche le fondamenta più solide. D'altra parte, tali fondamenta sono indispensabili ad ogni umana costruzione: nel terreno della storia nessuna civiltà può attecchire né svilupparsi senza radici forti e ben alimentate. Giuseppe Toniolo mise tutta la sua vita e la sua opera, sia quella di studioso che quella di docente che quella di instancabile laico impegnato, a servizio della costruzione di una «società di santi".[176]

La vita e il pensiero di Giuseppe Toniolo testimoniano un percorso esistenziale che esce dal tempo storico e dialoga con la nostra contemporaneità, infatti molte delle sue idee, e soprattutto, l'intero suo "spirito", nell'esperienza fondamentale della fede, possono costituire un grandissimo contributo testimoniale per le sfide odierne della società, affinché essa sia sempre al servizio dell'uomo.

Così diceva di lui Giovanni Paolo II in visita pastorale a Pisa:

> "Giuseppe Toniolo, professore di economia nella vostra università, promotore di una scuola di pensiero che, sotto l'ispirazione del Vangelo, mirava a fare della società moderna un luogo più degno di esseri umani, secondo gli immutabili principi della giustizia sociale e della vera libertà".[177]

---

[176] A. SCOLA, *Prefazione* in R. MOLESTI e S. ZAMBERLAN (Edd), *I fondamenti della Società Cristiana...*, cit.

[177] GIOVANNI PAOLO II, *Discorso alla cittadinanza di Pisa sul «Ponte di Mezzo»*; visita pastorale a Pisa, Volterra e Lucca del 22 settembre 1989. In http://w2.vatican.va/content/john-paul-ii/it/speeches/1989/september/documents/hf_jp-ii_spe_19890922_cittadinanza-pisa.html, ultimo accesso il 20 marzo 2017.

Agli interrogativi posti circa il contributo del Toniolo allo sviluppo della sociologia della religione in un'epoca travagliata della storia italiana, si è cercato di dare, con questa ricerca, una risposta, quanto più possibile esauriente sebbene ancora incompleta e suscettibile di chiarimenti e approfondimenti.

Una serie di impedimenti incontrati, come quella di lavorare sugli studi e non sugli scritti difficilmente reperibili del Toniolo, non hanno consentito di approfondire con la dovuta accuratezza l'attualità del pensiero del Toniolo, sia sotto l'aspetto economico-sociale, sia anche sotto il profilo della sua visione del laicato cristiano.

L'auspicio è che questi temi siano destinati ad essere oggetto di nuovi studi e di più attente riflessioni, volte soprattutto ad ampliare l'indagine circa la fecondità delle idee toniolane nella ricerca sociologica attuale.

Appendice Documentaria

Documento 1

Appunti di lezioni di Sociologia tenute dal prof. Giuseppe Toniolo nel Seminario di Pisa (anno 1909). Lezione I[178]

In queste che non chiamerò conferenze, bensì familiari conversazioni mi sono proposto di trattare a grandi linee qualche tema di carattere assolutamente pratico ed istruttivo. E per dare una tal quale unità ai nostri argomenti procederemo da quelli che riguardano il concetto di *ordine sociale* nella sua genesi progressiva, le sue forme morbose di disordine o crisi sociali per arrivare poi agli argomenti riguardanti i *provvedimenti restaurativi* di questa crisi. Partiremo dunque dal concetto generico universale di Ordine Sociale per giungere a quelle che si possono dire situazioni patologiche di cui un esempio manifesto lo abbiamo nelle dottrine socialistiche ed in tutto quel movimento rivoluzionario che trascina uomini e cose, per venire ai programmi sanamente riformativi per i quali il *cristianesimo* sarà oggetto precipuo delle nostre considerazioni.

Gli argomenti, come si vede, sono noti e rigorosamente scientifici perché collegati tra loro in modo da rispondere ad un ordine razionale di Sociologia.

Giacché è caduta questa parola, non sarà male vedere che cosa essa è veramente.

La *Sociologia è una dottrina che spiega l'origine, la genesi, gli istituti fondamentali dell'ordine sociale.* Siccome la *sociologia* ha affinità strettissima alla *filosofia sociale è* opportuno mostrare la distinzione che passa fra loro. La *filosofia sociale* studia il fatto sociale, i medesimi istituti ed i rapporti etico sociali: ma da un punto di vista speculativo filosofico, cioè *da quello delle ragioni prime ed ultime.* La sociologia *studia,* invece, *come si forma la società, i fatti da cui deriva, quali sono le leggi positive e le tendenze alle quali permanentemente la vita sociale converge e si appunta.*

Qui abbiamo sotto gli occhi i fatti reali, la realtà sociale: là i concetti ideali, le ragioni ultime. Se volete un esempio prendiamo la società: se noi ci domandiamo il fine ultimo per il quale Dio nei suoi ineffabili decreti volle che si formasse, noi facciamo una considerazione di indole filosofica sociale. Se invece ci mettiamo a studiare la primitiva coppia nelle mutue relazioni ed arrivati alla costituzione delle famiglie e proseguiamo via via fino a studiare i rapporti giuridici di queste arrivando all'idea di Stato attraverso tutte le gradazioni e le distinzioni di classi, d'istituti, di gerarchia sociale, faremo della semplice sociologia positiva. Faremo quindi la storia, non la storia ideale, razionale ma la storia come genesi di fatto, del modo con cui sorsero e si costituirono gli stati, del perché non bastarono più le famiglie, queste prime cellule della società e si cercò un istituto collettivo che ne salvaguardasse tutte le funzioni, sia di carattere etico come di ordine economico. E così noi rimaniamo in un campo sociologico che ci mette in grado di studiare i fatti da un punto di vista *positivo,* mentre la filosofia sociale li considera da quello speculativo, metafisico.

---

[178] *Appunti di lezioni di Sociologia tenute dal Prof. G. Toniolo nel Seminario di Pisa (anno 1909). Lezione I,* in S. BURGALASSI, *Passato e Futuro. Religiosità italiana e analisi sociologica*, Ets, Pisa 1992, p. 200-205. Il testo è pubblicato nell'Appendice IV. Gli "a capo" e l'uso del neretto sono per il presente lavoro, finalizzati ad evidenziare le diverse parti e alcuni passaggi ritenuti interessanti per il tema trattato dalla tesi.

Però **con queste parole, accennando alla *scienza positiva* non intendo alludere minimamente al *positivismo*. Tra scienza positiva e positivismo vi è una marcata differenza**: abbiamo infatti la Mineralogia, la Geologia, la Botanica ecc.: le quali sono scienze positive, sono scienze cioè che hanno per oggetto fatti reali e per fine l'osservazione esatta e certa dei fenomeni.

Positivismo invece è una forma morbosa del pensiero filosofico, un sistema di dottrine filosofiche in forza delle quali l'uomo non può innalzarsi al di sopra delle cose sensibili, del fenomeno. Ogni conoscenza umana che non si fondi su un fatto certo o che non cada sotto i nostri sensi è falsa.

In poche parole, il positivismo è la negazione della metafisica per la quale la ragione umana può assurgere ad altri veri che non cadono sotto l'osservazione. Tenuto conto di questa distinzione noi possiamo fare della scienza positiva senza essere positivisti.

E l'atteggiamento positivo è appunto l'indole caratteristica della sociologia: come e per quali fattori venne l'uomo a costituirsi in famiglia? Le famiglie in nazioni? Le nazioni in razze? Quali ordinamenti reggono gli uomini, così uniti insieme, con diversi vincoli? E tutte queste parti come possono agire fra loro, quali relazioni devono intercedere, fra persona e persona, fra popolo e popolo per procurare all'umanità il maggior vantaggio? Argomenti questi filosofici e sociologici per la stretta unione tra filosofia e sociologia; ma questo che la prima tratta speculativamente e nelle sue linee generali, la seconda sviluppa, studia, specializza e rende pratico.

E per entrare senz'altro nei nostri argomenti, dico brevemente in che consiste **l'ordine sociale. *È un sistema di relazioni umane dirette ad attuare in modo costante e progressivo i fini permanenti della civiltà.* Diciamo *un sistema di relazioni* perché tra i diversi organismi della società corrono rapporti diversi e diverse dipendenze**; così in una società qual è lo Stato, vi è necessariamente chi comanda e chi obbedisce. Diciamo *in modo costante e progressivo* perché il cammino ascensionale, il moto verso il meglio degli uomini costituiti in società, non si esaurisce mai: ma sempre resta loro da percorrere nella civiltà.

È infatti **la *civiltà la partecipazione proporzionale di tutti gli uomini al bene essenzialmente morale in cui debbono aspirare nella convenienza sociale* e *a tutti gli altri beni estrinseci e materiali che a quello (al bene morale) sono subordinati e gli servono di aiuto.***

Questa è l'essenza della civiltà: un godimento, una fruizione di più alti beni morali, come la perfezione dello spirito di ogni individuo, la preparazione ad una vita soprannaturale, una coscienza retta, l'onestà del costume, la santità della famiglia ecc. Ma il bene morale, sotto il quale nome si intendono tutti i beni sopra ricordati, non deve rimanere isolato: ad esso debbono servire e convergere altri *beni di ordine inferiore* e sottoposti come mezzi al fine. Tali sono le conoscenze intellettuali, che non devono restare puramente speculative ed inefficaci, ma trasformarsi in mezzi per migliorare la vita morale e per operare; i beni pubblici che consistono nel progresso, nella potenza progressiva di un popolo, mezzi per aiutare il conseguimento del bene morale di esso popolo e beni economici essenzialmente materiali e costituiti dalla ricchezza, quale può, anzi, deve servire al raggiungimento dei fini di un ordine superiore.

La civiltà dunque consiste nel conseguimento del bene morale; altrimenti non si può dare civiltà. Con questo principio si possono spiegare molti fenomeni storici in cui a prima vista potrebbe restare ingannato, chi considerasse elemento essenziale di civiltà non il bene morale, ma i beni materiali ed estrinseci a quello subordinato. Può darsi cioè che molte nazioni partecipino al bene morale essenziale di ogni civiltà pure essendo povere di beni materiali ed abbian quindi veramente la civiltà: tali erano gli antichi popoli patriarcali menzionati nella Bibbia; altri invece possono essere stati ricchi dei beni materiali scarseggiando del bene morale quali furono Grecia e Roma, doviziose nei beni secondari come la potenza, la cultura letteraria, ed artistica in modo da poter annoverare nel proprio ambito un'idea come quella di Pericle, una perfezione artistica come quella di Fidia e Prassitele; con tutto che contribuiscono alla civiltà, ma non ne sono l'essenza. Vi è dunque una sproporzione tra l'ordine morale e materiale costituente la civiltà.

Gli uomini debbono curare perciò che i beni estrinseci non siano considerati come essenziali alla civiltà ad esclusione del bene morale, primo e costitutivo fattore; ma servirsi dei primi come scala per giungere al secondo; giungere cioè alla *vera civiltà, che è il possesso e la fruizione dei beni morali.*

Al possesso della civiltà tendono tutti quanti gli sforzi degli uomini: è un monte dalle vette eccelse sopra delle quali si tenta di arrampicarci con sforzi inauditi. A questo monte tende l'uomo, lo mira lontano, sale, cade, si rialza; gli si avvicina, è confortante il dirlo, ogni giorno più; ma un possesso completo non lo avrà mai.

Contro le teorie che oggi vanno per la maggiore, l'incivilimento o cammino della civiltà non è evolutivo: esso si effettua da esseri ragionevoli e liberi in quanto sono tali e non per mera fatalità, l'incivilimento è esatta proporzione di quanto noi ci sforziamo, di quanto è illuminata la nostra mente nel tendere al fine coi mezzi opportuni e con la energia opportuna. Perciò siccome l'uomo è ricco o manca di volontà o non ha mestiere, come si conviene in quello sforzo di operosità per camminare verso la civiltà, così spesso si arresta l'incivilimento e talvolta retrocede. Ma l'uomo poi riprende coraggio, rifà la strada percorsa e oltrepassa il punto al quale era già arrivato o procede più oltre ancora. È questa la teoria ordinaria dell'incivilimento il quale perciò è in ragione diretta della volontà e della operosità umana; non è un progresso puramente evolutivo.

Sarebbe assai comodo il progredire insensibilmente, il lasciarsi trasportare via senza alcuno sforzo individuale sull'onda del tempo e degli avvenimenti. Vedete invece nel cammino verso la civiltà quante aberrazioni, quanti arresti, quante retrocessioni, quante lotte per giungere ad un punto più alto. Ma l'umanità non si stanca, dopo le aberrazioni ritorna alla sua via, riacquista il perduto e conquista uno stato ancor più elevato. Qui cade opportuna un'osservazione: i nostri padri, sebbene meno evoluti sulle scienze sociologiche, ma edotti dall'esperienza poiché giudicavano spassionatamente dietro l'osservazione dei fatti, furono concordi nel ritenere che in questo cammino dell'incivilimento, nessun popolo prima del Cristianesimo riuscì a mantenersi in uno stato di progresso, eccettuato il popolo giudaico. Infatti, fra tutti i popoli che la luce pure emanante dal Cristianesimo non illuminò, questi popoli dei quali la S. Scrittura dice che sedevano *in umbra mortis* furono veduti levarsi in alto, ebbero e poterono avere un periodo ascensionale e di splendore, ma poi decaddero irreparabilmente non. potendo, non dico procedere, ma neppure arrestarsi al punto in cui erano arrivati.

Le scienze storiche, che raccolgono in uno sguardo comprensivo tutti i popoli che vissero avanti il Cristianesimo, ci avvertono che in quei popoli inciviliti si produsse l'uno o l'altro di questi tre fenomeni. Dopo il periodo di splendore, l'incivilimento o si arrestò e s'immobilizzò come in Cina ed in India; o si corruppe e si disciolse irreparabilmente come in Grecia o Roma. La Grecia dové soccombere sotto il peso macedone prima, sotto l'unghia conquistatrice di Roma poi; Roma poi in particolar modo morì colla coscienza di non risorgere più: la sua agonia fatale fu turbata da questo doloroso presentimento e l'incivilimento ritorna con una corsa più o meno lenta fino allo stato selvaggio; così presso i popoli dell'Africa, della Polinesia nei quali le virtù naturali e la presenza di una rivelazione primitiva aiutarono per grande tempo il mantenersi nel primitivo stato di incivilimento naturale se così si può parlare; ma in seguito man mano che venivano scomparendo quelle virtù ed oscurandosi quella tradizione precipitarono al basso riducendosi infine a quel punto di demoralizzazione in cui oggi li vediamo. Perché osservando ora, non è vera la teoria che oggi trova tanto furore, che cioè i popoli selvaggi rappresentino il primo stadio della civiltà; rappresentano invece l'ultimo stadio a cui gli uomini venivano dopo oscurata l'intelligenza o perduta la nozione di virtù morali. E se noi andiamo indietro con la storia troveremo facilmente popoli come il Cinese, il Persiano, l'Indiano che salirono e si mantennero in fiore finché durarono in essi certe verità primitive rivelate, finché durarono le virtù morali; ma decaddero allorché se ne scostarono.

Tornando al Cristianesimo diciamo che solo in lui si verifica un progresso costante sulla via della civiltà, costante ed universale che potrà bensì variare nei diversi tempi fra i diversi popoli ed accentuarsi ora in Italia, ora in Francia, ora Spagna; ma che spingerà sempre i popoli cristiani sulla via dell'incivilimento.

Vi è dunque una ragione che mantiene la vita in questi popoli ed è la virtù morale, la Rivoluzione Cristiana, fonte per eccellenza dell'ordine sociale il cui fine è il possesso della civiltà nel suo più alto grado. A questo altissimo punto di civiltà tutti gli uomini aspirano incessantemente e non v'è che una società in cui esso sia perfetto: il Cristianesimo.

Questo ordine sociale fu costituito prima da Dio ed ha perciò le basi fondamentali nell'archetipo divino che venne ad attuarlo quaggiù: in Dio è l'ultimo suo scopo, e l'umanità camminando per questo ordine cammina verso Dio che irraggia su di lui gli splendori della sua bontà e sapienza. Ora quest'ordine s'incardina su alcuni fatti che tutti conosciamo; risulta cioè dagli individui che compongono l'umanità, individui anzitutto indipendenti mediante la libertà personale, individui con virtù di perpetuarsi mediante l'istituzione della famiglia; individui che posseggono mediante la proprietà, la quale fa sì che possan conservare la libertà propria e la famiglia.

Ecco i cardini fondamentali su cui posa l'ordine sociale: dalla convivenza di famiglia esso si estende e forma quello che si chiama la convivenza civile, ed ecco le classi che si distribuiscono secondo i caratteri fisici (razze) e psichici (nazioni), ed ecco dunque altrettante società .nazionali ed internazionali, civili e politiche che costituiscono tutte insieme la grande società umana. Ciascuna di queste società se è ben retta, se ha l'ordine sociale, ha chi comanda e chi obbedisce: i poteri civili sopra le società particolari, il potere ecclesiastico sopra tutta la società umana, potere che tutto comprende e conduce l'umanità verso Dio, potere non limitato a questa vita terrena, ma efficace ancora nella vita futura. Tutti questi ordini, privato, civile, politico, ecclesiastico sono indispensabili e giovevoli per mantenere l'uomo sulla via della perfezione morale: tutti questi ordini sono dunque un mezzo per la civiltà stessa.

Bibliografia

Fonti

Magistero

CATECHISMO DELLA CHIESA CATTOLICA, Libreria Editrice Vaticana, Città del Vaticano 1992.

CONCILIO ECUMENICO VATICANO II, *Lumen Gentium*, costituzione dogmatica su "La Chiesa", 21 novembre 1964, in EV1, 284-445.

CONCILIO ECUMENICO VATICANO II, *Dignitatis humanae* , dichiarazione su "La libertà religiosa", 7 dicembre 1965, in EV1, 1042-1086.

CONCILIO ECUMENICO VATICANO II, *Gaudium et Spes*, costituzione pastorale su "La Chiesa nel mondo contemporaneo", 7 dicembre 1965, in EV1, 1319-1644.

FRANCESCO, *Un'altra economia è possibile,* discorso al Movimento dei Focolari, 4 febbraio 2017, "L'Osservatore Romano", domenica 5 febbraio 2017, p. 8.

GIOVANNI PAOLO II, *Discorso alla cittadinanza di Pisa sul «Ponte di Mezzo»*; visita pastorale a Pisa, Volterra e Lucca, 22 settembre 1989, in w2.vatican.va/content/jo hn-paul-ii/it/speeches/1989/september/documents/hf_jp-ii_spe_19890922_cittadi nanza-pisa html

LEONE XIII, *Rerum novarum,* 15 maggio 1891, ASS, 23, 1890–1891, p. 649 - 662.

PIO X, *Il Fermo Proposito,* lettera enciclica, ai venerabili Fratelli Patriarchi Primati Arcivescovi Vescovi e agli altri Ordinari aventi con l'Apostolica Sede pace e comunione. Diretta ai Vescovi d'Italia per l'istituzione e lo sviluppo dell'Azione Cattolica, associazione laica per la propaganda cattolica religiosa nel mondo profano, 11 giugno 1905, ASS, 37, 1905, p. 741-767.

PONTIFICIO CONSIGLIO DELLA GIUSTIZIA E DELLA PACE, *Compendio della Dottrina Sociale della Chiesa*, Libreria Editrice Vaticana, Città del Vaticano 2013.

<u>Scritti di Giuseppe Toniolo</u>

L'odierno problema sociologico, Libreria Editrice Fiorentina, Firenze 1905.

Il Concetto Cristiano di Democrazia, Collana di Studi Sociali Moderni n. 6 - Colletti Editore, Roma 1945.

Capitalismo e socialismo, prefazione di S. Majerotto, Città del Vaticano 1947.

L'odierno problema sociologico. Studio storico-critico, prefazione di A. Fanfani, Città del Vaticano 1947.

Opera omnia, 20 volumi, Tipografia Poliglotta Vaticana, Città del Vaticano 1947 -1953.

Storia dell'economia sociale in Toscana nel Medio Evo: vol. I: *La vita civile-politica;* vol. II: *La vita economica,* prefazione di M. Romani, Città del Vaticano 1948.

Democrazia cristiana. Concetti e indirizzi, I-II, prefazione di A. De Gasperi, Città del Vaticano 1949.

Iniziative culturali e di azione cattolica, prefazione di G. Dalla Torre, Città del Vaticano 1949.

Trattato di economia sociale e scritti economici, I-IV, prefazione di F. Vito, Città del Vaticano 1949-1952.

Democrazia cristiana. Istituti e forme, I-II, prefazione di A. Ardigò, Città del Vaticano 1951.

Scritti spirituali, religiosi, familiari e vari, I-II, prefazione di F. Costa, Città del Vaticano 1952.

Dei remoti fattori della potenza economica di Firenze nel Medio Evo e scritti storici, prefazione di S. Majerotto, Città del Vaticano 1952.

Lettere vol. I (1871-1895); *vol. II (1896-1903); vol. III (1904-1918),*raccolte da G. Anichini, ordinate e annotate da N. Vian, Città del Vaticano 1952-53.

Ragioni, intendimenti e criteri di un primo congresso per le scienze sociali in Italia, in "Atti del I Congresso Cattolico Italiano degli Studiosi di Scienze Sociali", citato in M. M. BURGALASSI, "*Itinerari di una scienza. La sociologia in Italia tra Otto e Novecento*, Franco Angeli, Milano 1996.

"Per un miglior bene avvenire". Scritti scelti (1871-1900) di Giuseppe Toniolo, saggio introduttivo e cura di Romano Molesti, Prefazione di Lorenzo Ornaghi, Ecra, Edizioni del Credito Cooperativo, Roma 2012.

Voglio farmi santo. Diario spirituale di Giuseppe Toniolo, curato da Domenico Sorrentino, Collana "Guidati dallo Spirito", Editrice Ave, Roma 2012

Testi

AA.VV. *La figura e l'opera di Giuseppe Toniolo*, Vita e Pensiero, Milano 1968.

AA.VV., *L'insegnamento sociale della Chiesa, Atti del 58° corso di aggiornamento*

ANDREAZZA M., *Giuseppe Toniolo: un laico cristiano, un docente, un testimone*, Ets, Pisa 1988.

ANGELI R., La dottrina sociale di Giuseppe Toniolo, Alzani, Pinerolo 1956

ARE G., *I cattolici. e la questione sociale in Italia (1894-1904)*, Feltrinelli, Milano 1963.

BAGGIO A. M., *Lavoro e dottrina sociale cristiana, dalle origini al Novecento,* Città Nuova, Roma 2005.

BARONCI M., *Giuseppe Toniolo nel primo centenario della sua nascita, 7 marzo 1845*, Magi-Spinetti, Roma 1945.

BREZZI C., *Cristiano sociali e intransigenti, L'opera di Medolago Albani fino alla «Rerum novarum»* , prefazione di P. SCOPPOLA, Cinque Lune, Roma 1971

BURGALASSI M. M., *Itinerari di una scienza. La sociologia in Italia tra Otto e Novecento*, Franco Angeli, Milano 1996.

BURGALASSI S., *Passato e Futuro. Religiosità italiana e analisi sociologica*, Ets, Pisa 1992.

BURGALASSI S., PRANDI C., MARTELLI S. (Edd.), *Immagini della religiosità in Italia,* Franco Angeli, Milano 1993.

CAMERA A., FABIETTI R., *Elementi di storia. L'età contemporanea*, Zanichelli, Bologna 1980.

CARERA A. (Ed.), *Giuseppe Toniolo. L'uomo come fine.* Con saggi sulla storia dell'Istituto Giuseppe Toniolo di studi superiori, introduzione di Dionigi Tettamanzi, Istituto Giuseppe Toniolo di studi superiori, Vita e Pensiero, Milano 2012.

DA PERSICO E. , *La vita di Giuseppe Toniolo*, Attività sociali Elena Da Persico, Verona 1959

DEMARTIS L., SOLBIATI R., *Tutto Sociologia*, De Agostini, Novara 2010,

DI PILATO V., *Consegnati a Dio*, Città Nuova, Roma 2010.

FABRIS A., *Filosofia delle religioni*, Carocci, Roma 2015.

FARINA P., *Dire l'uomo, dire di Dio. Corso breve di Antropologia Teologica*, Etet, Andria 2013.

FORMIGONI G., *Associazionismo Cattolico e la Chiesa in Italia*, voce, in "Dizionario Storico Tematico La Chiesa in Italia, Volume II - Dopo l'Unità Nazionale", Roma 2015.

GALLARINI A., *Giuseppe Toniolo: l'uomo, il cattolico, lo scienziato*, Pro Familia, Milano-Roma 1937.

GAMBASIN A., *Il Movimento Sociale nell'Opera dei Congressi (1874-1904) contributo per la storia del cattolicesimo sociale in Italia*, Editrice Università Gregoriana, Roma 1958.

GOMEZ BLANES J., *Rapporto etica-economia negli scritti di Giuseppe Toniolo,* Lulu.Com 2013.

GRASSI P., *La religione nella costruzione sociale,* Quattroventi, Urbino 1980.

MAJEROTTO S., *G. Toniolo, Saggi politici*, Cinque Lune, Roma 1980.

MALGERI F., *Cent'anni di vita in Fuci una ricerca lunga cent'anni*, San Paolo, Cinisello Balsamo 1996.

MANGANO V., *L'opera scientifica di Giuseppe Toniolo. Una concezione cristiana della sociologia e della economia sociale*, Studium, Roma 1940.

MARCHISIO R., *Religione e Religiosità*, Carocci, Roma 2002, p. 38.

MARCONCINI F., *Profilo di Giuseppe Toniolo economista*, Vita e Pensiero, Milano 1930.

MOLESTI R. (Ed), *Giuseppe Toniolo, il pensiero e l'opera*, Franco Angeli, Milano 2005.

MORRA G., *Dio senza Dio,* fenomenologia ed esperienza religiosa, vol. I, Patron, Bologna 1970.

MORRA G., *Perché la sociologia*, Editrice La Scuola Brescia 1986[3].

ORABONA L., *Giuseppe Toniolo e la sua spiritualità nella storia dell'Azione Cattolica,* presentazione di F. Miano, Azione Cattolica Italiana, Roma 2012.

PASSERIN D'ENTRÈVES E., REPGEN K. (a cura di), *Il cattolicesimo politico e sociale in Italia e Germania dal 1870 al 1914*, Il Mulino, Bologna 1977.

PECORARI P., *Economia e riformismo nell'Italia liberale, studi su Giuseppe Toniolo e Luigi Luzzatti,* Jaca Book, Milano 1986.

PECORARI P., *Ketteler e Toniolo, Tipologie sociali del movimento cattolico in Europa*, prefazione di A. Monticone, Città Nuova, Roma 1977.

PECORARI P., *Toniolo: un economista per la democrazia*, Studium, Roma 1991.

PECORARI P., *Toniolo*, voce, in AA. VV., "Dizionario Storico del Movimento Cattolico in Italia" 1860-1980, vol. II, Marietti, Casale Monferrato 1982.

PERGOLESI F., *Giuseppe Toniolo: pagine di vita e di pensiero*, Società anonima tipografica fra i cattolici vicentini, Vicenza 1931.

PIZZUTI D. (ed.), *Sociologia della religione,* Borla, Roma 1985.

PREZIOSI E., *Attualità di un laico cristiano*, In dialogo, Milano 1997.

PREZIOSI E., *Giuseppe Toniolo. Alle origini dell'impegno sociale e politico dei cattolici*, Paoline, Milano 2012.

PREZIOSI E., *Largo Gemelli,1. Studenti, docenti, amici raccontano l'università Cattolica*, Vita e Pensiero, Milano 2003.

SANGIULIANO R., *Compendio di legislazione scolastica*, Simone, Napoli 2012.

SCARVAGLIERI G., *Sociologia della religione*, Pontificia Università Gregoriana, Roma 2005.

SCOLA A., *Prefazione* in R. MOLESTI e S. ZAMBERLAN (Edd), "I fondamenti della Società Cristiana, raccolta antologica", Ipem, Pisa 2008.

SORRENTINO D., *Giuseppe Toniolo. Una biografia*, Paoline, Cinisello Balsamo 1988.

SORRENTINO D., *L'economista di Dio. Giuseppe Toniolo*, Ave, Roma 2001.

VISTALLI F., *Giuseppe Toniolo*, Comitato Giuseppe Toniolo, Roma 1954.

Riviste

AMBROSETTI G., *Rilettura di Toniolo: sua attualità ed inattualità*, «Studium», 1969, p. 337-349.

BRUGUIER PACINI G., *Giuseppe Toniolo sociologo cristiano*, «Bollettino storico pisano», 1942-1943-1944, p. 111-136.

FANFANI A., *Giuseppe Toniolo, maestro*, «Studium», 1949, p. 164-172.

MENEGAZZI G., *Grandezza e attualità del pensiero economico-sociale di Giuseppe Toniolo*, «Studi economici e sociali», 1966, p. 7-30.

MOLESTI R., *Intorno alla dottrina economico-sociale di Giuseppe Toniolo*, «Economia e storia», 1975, p. 42-55.

Non è un buon economista chi è solo un economista, in "Fondazione di Studi Tonioliani Newsletter, bollettino di informazione", Anno IV, 2011, n. 1.

PRATESI P., *Luci e ombre nella sociologia di Toniolo*, RPS, 1955, p. 11-18.

ROMANO M., *Validità del pensiero di Giuseppe Toniolo,* «Studi economici e sociali», 1966, p. 111-146.

SPICCIANI A., *Giuseppe Toniolo e gli economisti del suo tempo*, «Bollettino», 1981, p. 99-124.

TAVIANI P. E., *Utilità, economia e morale nel pensiero di Toniolo*, «Convivium», 1967, p. 3-12.

Agenzie, Periodici Quotidiani

BERNARDINI A., *Due lauree in tasca e una famiglia da mantenere*, intervista a Pietro Furlan, in "Toscana Oggi", 7 marzo 2012.

GUIDI S., *La "sociologia cristiana" di Giuseppe Toniolo. Non è un buon economista chi è solo un economista,* "L'Osservatore Romano", 26 novembre 2009, p. 4.

Laico e beato, la via di Toniolo, in "Il Sole 24 Ore", 14 aprile 2012.

MORET G., *Toniolo e l'Opera Dei Congressi*, in "L'Azione", settimanale della Diocesi di Vittorio Veneto, 8 gennaio 2012.

SANTOVECCHI P., *La secolarizzazione e l'eclissi del sacro*, in "Profiling", giornale scientifico a cura dell'Onap, 14 gennaio 2010.

Toniolo: Miano (Aci), "provvidenziale" percorso beatificazione, Asca, 19 marzo 2012.

Sitografia

http://azionecattolica.it/toniolo/

http://fuci.net/

http://siusa.archivi.beniculturali.it/cgi-

http://www.sapere.it/enciclopedia/

https://arpi.unipi.it/

www.giuseppetoniolo.net/

www.onap-profiling.org/

www.santiebeati.it/

www.storiadellachiesa.it/

www.toscanaoggi.it/

www.treccani.it/

Printed by Books on Demand GmbH, Norderstedt / Germany